# 외국 항공사는 **왜** 나를 뽑았을까?

쉿! 나만 알고 싶은 승무원 3번 합격의 비밀

## 외국 항공사는 왜 나를 뽑았을까?

초판 1쇄 발행 | 2018년 8월 20일

지 은 이 | 강윤선
펴 낸 이 | 이성범
펴 낸 곳 | 도서출판 타래
책 임 편 집 | 정경숙
표지디자인 | 김인수
본문디자인 | 권정숙

주소 | 서울시 마포구 성지3길 29 그레이트빌딩 3층
전화 | (02)2277-9684~5 / 팩스 | (02)323-9686
전자우편 | taraepub@nate.com
출판등록 | 제2012-000232호

ISBN 978-89-8250-108-1 (13320)

· 이 책은 저작권법에 의해
  한국 내에서 보호를 받는 저작물이므로
  무단 전재와 무단 복제를 금합니다.
· 값은 뒤표지에 있습니다.
· 파본은 구입한 서점에서 교환해 드립니다.

# 외국 항공사는 **왜** 나를 뽑았을까?

쉿! 나만 알고 싶은 승무원 3번 합격의 비밀

강윤선 지음

도서출판**타래**

## 꿈을 찾아 날아오르다

　모든 순간이 기적이었다.
　짧은 인생에서 외국 항공사 승무원으로 세 차례 근무하며 8년간의 세계 일주기를 쓸 수 있었던 기적.
　나는 세상을 무대로 성공하고 싶었다. 항공사 입사가 나의 인생을 화려하게 만들어줄 거라 생각했다. 그러나 승무원이란 직업은 성공도 화려함도 아닌 평생의 추억을 내 인생에 선물해 주었다. 내 청춘의 모든 시간과 함께한 비행기와 공항, 그리고 세계 140개의 도시는 모두 내 운명이었다.
　처음 승무원이 됐을 때는 새로운 세상 구경에 감탄사만 연발했다. 비행을 할수록 세상은 크고 나는 작게 느껴졌다. 축복을 당연하게 여길 때쯤 레벨업을 위해 대학원에 진학했고, 졸업 후 홍콩에서 살고 싶어서 두 번째로 홍콩 항공사에 입사했다. 그리고 세 번째로 나는 두 번 다시는 없을, 첫 사랑 에미레이트 항공사로 돌아갔다. 떠났던 곳에서의 또 다른 시작이었다.

라이프스타일, 매너, 외국어 능력이 내 삶 안에 녹아들었다. 나를 성장하게 해준 힘. 캐빈 크루(Cabin Crew)는 그래서 내게 사랑이다.

외국에서 사는 방법은 3가지 중 하나다. 외국에서 태어나거나, 외국인과 결혼하거나, 해외에서 취업하거나. 그래서 나는 외국 항공사에 가기로 했다.

외국 항공사 승무원은 국내 항공사 승무원들과는 삶 자체가 다르다. 세계를 메인 무대로 해서 다양한 사람들과 글로벌한 생활을 하고, 보고 배우고 느끼는 것이 다른 살아있는 세계사 공부를 할 수 있다. 가슴이 설레는 관광객이면서 안정된 현지인이라는 장점이 있다.

외국에서 자유롭게 살고 싶은가? 외국 항공사 승무원이라는 직업이 탈출구가 되어 줄 거라 믿는가? 국내 항공사 면접에 자꾸 떨어지는가? 나이가 들고 시간이 흘러도 승무원에 대한 못다 이룬 로망이 더 커지는가? 국내 항공사에 다니고 있지만 외국 항공사로 이직하고 싶은가? 전직 승무원으로서 다시 항공사에 재입사하고 싶은가?

이 책은 면접 준비와 합격, 그리고 비행했던 순간들의 기록이다.

그 시절 나는 눈부시고 뜨거웠다. 외국 항공사에서 최고였기에 계속 합격할 수 있었다.

승무원이 되었다고 해서 영원히 인생이 보장되는 것은 아니다. 이 세상 어떤 일도 언젠가는 끝이 있다. 유니폼을 벗고 나니 신데렐라처럼 화려하게 누리던 모든 혜택이 다 사라지고 원래의 나로 돌아왔다. 그 이후에는 무얼 하는 것이 좋을까? 내게 다른 기술과 재능이 있는가를 항상 살피며 생각하면 비행도 즐기면서 더욱 다양한 기회를 만나게 된다. 비행의 계절에 나는 40대 이후의 삶을 도예가, 재테크, 작가 이상의 큰 그림을 갖고 퇴사 후의 계획을 세웠다.

　비행기를 타고 세상을 경험할수록 고국이 그리워지고 내 마음과 생각을 표현하고 싶은 마음이 커져 감성이 더욱 풍부해졌다. 그래서 비행 일기를 기록하고 메모를 해왔다. 이제 승무원을 내려놓고 다른 세상에서 보니 면접 준비에서부터 합격하고 비행한 모든 순간들을 표현하고 싶어졌다.

　그동안의 승무원 준비 노트와 비행 일기가 내 방 책꽂이에 한동안 꽂혀 있었다. 정리를 하다가 천천히 읽어보게 되었다. 그 이후로 노트에 적힌 가슴 절절한 소설 같은 내 20대의 기록들을 책으로 엮으면서 아련한 반짝임을 추억했다.

　우리 모두는 소녀였다. 세월이 흘러도 시작하지 못했거나 가슴에 남겨둔 그때의 꿈이 있다. 사람들과 함께 열정을 나누고 싶다는 생각이 끓어올랐다. 내가 무엇이 되기를 간절히 원했던 그때의 절실함. 외국에서의 생활, 새로운 방향 전환, 내 인생을 가슴 절절히 사랑하는 마음으로 누군가의 마음에 불을 지피고 싶다.

　해외 항공사 승무원이 되기를 바라는 이들에게 기적과도 같은 일이 일어나서 꿈을 향해 날아오르는 날이 시작되기를 응원한다.

　한때 묻어 두었던 꿈이 생각날 때, 지금 그 꿈을 이룰 수 있을지 두려울 때, 너무 늦었다고 포기하고 싶은 그때가 새로운 시작점이다. 절대 포기하지 않기를 바란다. 언제나 기적의 문은 열려 있다.

　이제 나와 함께 성공적인 비행을 향해 천직 여행을 떠나보자.

비행하며

행복했던

기적 같은 나의 세계 일주기

PROLOGUE

| Prologue 꿈을 찾아 날아오르다 | 5 |

## Part 01  모두가 궁금해 하는
### 영어 면접의 비밀

| 1. 나만의 특별한 지원 동기 찾기 | **17** |
| 2. 사회 활동 경험 쌓기 | **25** |
| 3. 항공 승무원 업무의 특징과 장점 미리 알아두기 | **38** |
| 4. 가족은 나의 힘이다 | **50** |
| 5. 취미생활과 힐링 라이프 | **60** |
| 6. 내 인생의 그 곳, 가장 특별했던 여행지 | **70** |
| 7. 나를 살리는 독서와 자기계발 | **79** |

CONTENTS

## Part 02 전지적 면접관 시점에서 본 면접 Tip

1. 신개념 영어 면접 BEST 방법　　　　　　　　　　**91**
2. 스몰 토크는 왜 중요할까?　　　　　　　　　　　**102**
3. 그룹 디스커션(Group Discussion) 합격 전략　　**108**
4. 세라의 면접 평가 도구들-Tools of Interviewer　**116**
5. 비디오 면접은 처음이지?　　　　　　　　　　　**124**
6. 질문 속에 숨어 있는 면접관의 속마음　　　　　**128**

## Part 03 준비는 끝! 이제는 실전이다

1. 이력서와 자기 소개서 작성 요령　　　　　　　　**139**
2. 행운을 부르는 파워 멘탈 트레이닝　　　　　　　**145**
3. 확률로 알아보는 예상 질문 TOP 5　　　　　　　**151**
4. 승무원의 겟 잇 뷰티　　　　　　　　　　　　　　**155**
5. Elegance is an Attitude　　　　　　　　　　　　**161**

## Part 04 외국 항공사 취업 성공기, World is Mine!

1. 선박회사에서 베트남 항공사로 이직한 S의 합격 스토리 **169**
2. 호텔리어 L의 에미레이트 승무원 합격 스토리 **172**
3. 공항 지상직에서 승무원으로 이직한 H의 합격 스토리 **175**
4. 열차 승무원에서 항공사 승무원이 된 K의 합격 스토리 **178**
5. 열정의 취업 준비생 M의 에미레이트 합격 스토리 **181**

## Part 05 비행 어게인

1. 나의 첫 사랑 에미레이트, Let's Keep discovering **187**
2. 홍콩 항공으로의 이직 **192**
3. 디어 마이 홍콩(Dear my HongKong) **196**
4. Hello Tomorrow **202**
5. 로망 깨기 **208**
6. 외국에서 항공사 승무원으로 산다는 것 **213**

CONTENTS

| Epilogue | Dear Crew | 218 |
|---|---|---|

| Supplement | 항공사 취업 정보 | 222 |
|---|---|---|

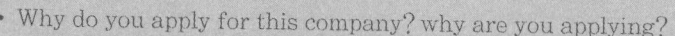

- Why do you apply for this company? why are you applying?
- What have you achieved in your last work?
- What are the merits of flight attendants?
- What is the relationship with your family?
- Do you have any special interests besides your job?
- Could you tell me your oversea trip?
- What kind of books do you like?

세라의 비행접시 1: 세상을 헤엄치다

# 1. 나만의 특별한 지원 동기 찾기

**Q 지원 동기가 무엇인가요?**
- Why do you want to become a flight attendant?
- Why did you decide to become a flight attendant?
- Why do you apply for this company? why are you applying?

**Tip**

면접관의 질문 의도는 면접자가 회사 업무를 잘 해낼 수 있을까 하는 것이다. 따라서 간절하고 적합한 입사 지원 이유가 있어야 한다.

답변 전략은 해당 항공사의 업무와 관련지어 회사에 꼭 필요한 사람이라는 인상을 주고, 회사가 듣고 싶어 하는 말을 하는 것이다. 면접관들은 간절한 만큼 오래 일한다고 판단한다.

# 영어 면접, 나라면 이렇게 답변한다 /
# Job Interview Scripts

### ① 주제

I want to work in a job where I can utilize my skills and experiences to the fullest. I have worked as a flight attendant in the past and hope to again become a member of a cabin crew at a top airlines – like Emirates –, as I know that I do not only excel in this position, but that it also fulfills me.

### ② 직장 경험을 통한 예시(직장 내의 성향과 적합성 어필)

I have developed my career wisely. While I have been employed at a bank most recently, I still have been careful to develop essential skills that would be useful for me when returning to the aviation industry. In my job at the bank, I had to meet and deal with a wide range of people and resolve challenging situations in an effective but diplomatic way every day. This was similar to when I was working as a cabin crew, thus allowing me to hone my customer service skills even when on the ground.

    I am a person who has a positive, proactive personality – I was even able to win the Best Smile Award at my job – and who works hard always. For my job at the bank, I have gone above and beyond my assigned tasks, for example, by going to an apartment complex after work to improve my performance. There, I handed out flyers for my company in the building as well as in front of it to assist with marketing and sales. Always doing my best no matter what environment I am in is what distinguishes me from other people and is something that I will also bring to succeed at Emirates Airlines.

    While working at a bank allowed me to earn a high salary, I still wanted to be a flight attendant as this has always been my dream. It is not easy to know when airlines are hiring, but I always kept my eye out for an opportunity. During my work commute on the subway, I would prepare myself to communicate better in English for the day that I would be called for an interview by an airline.

③ 결론(경험을 통해 승무원으로서 내가 공헌할 수 있는 것)

    Through my experiences I have learned that dreams grow when you nourish them and that every experience I have – from my past work in the aviation industry to my current one in the bank – can help me achieve my precious goals. I feel joy and vitality when I fly. I will convey this feeling by providing the best service to passengers as I understand that outstanding customer service is key for the success of the company.

# 세라의 승무원
# 도전 스토리

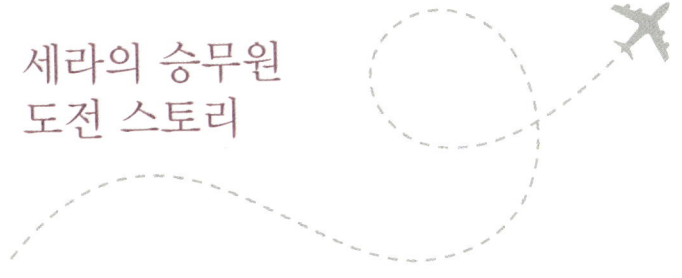

## 나는 왜 승무원이 되었을까?

천직 여행이 시작되었다. 나는 왜 승무원이 되고 싶었을까?
그동안 다양한 직업을 경험하며 목표를 이룰 때까지 오랜 시간이 걸렸다. 나는 어떤 사람으로 인생을 살고 싶은지 진지하게 생각하며 지혜로워졌다.

도예를 전공한 나는 졸업 후 글로벌한 커리어우먼이 되어 세계의 문화와 예술을 마음껏 경험해 보고 싶었는데, 적성에 맞고 좋아하는 직업을 찾다 보니 항공사 승무원이었다. 나는 외국 항공사에 들어가기 위해 인생의 판을 다시 짰다.

2003년, 호주에서 Hospitality 공부를 마친 나는 귀국길에 올랐다. 겨우내 봄을 기다렸던 나뭇가지에서 연두색 뽀루지가 껍질을 뚫고 나오고 있었다. 승무원이 되기까지는 준비할 시간이 필요했다. 아무 것도 하지 않고 기다리기보다는 어디든 취업을 해서 기회가 되면 항공사 면접시험을 보고 싶었던 나는, 돈도 벌고 서비스 경험을 할 수 있는 일을 찾다가 고심 끝에 홍콩상하이은행(HSBC)에 입사했다. 외국계 은행이라 배울 것이 많다는 생각에 열정만으로 도전했다. 그러나 꿈 때문에 견뎌야 할 힘든 시간이 될 줄은 미처 몰랐다.

2000년 초기에는 서울에 대단지 아파트가 많이 생겨났고, 사람들이 은행에서 담보 대출을 많이 받았다. 그 시기에 나는 대출 업무를 담당했다. 우리는 점심시간에 은행 홍보를 위해 광화문 거리로 나갔다. 어떤 고객은 내가 어찌나 신나게 전단지를 나눠주었던지 꼭 교회 전도지를 돌리는 사람 같다는 말도 했다.

영업 실적을 높이려면 아파트에 전단지를 돌리는 홍보가 최고라고 해서 나는 내 이름과 전화번호가 적힌 전단지 5,000장을 신청했다.

나는 퇴근 후, 마포에 있는 아파트 단지로 출동했다. 엘리베이터를 타고 꼭대기 층으로 올라가서 계단을 따라 내려오며 세대 현관에 전단지를 넣으려는 계획을 세웠다. 내 꿈이 담긴 전단지가 우편함에서 무용지물이 되어 쓰레기통으로 직행하는 일은 막고 싶었기 때문이다.

수상한 사람이라 오해할까 봐 심장이 마카롱처럼 쫄깃해진다. 소라 껍데기 속에 있는 것처럼 계단에서 내 숨소리와 발자국 소리가 울린다. 예전에 참여했던 제과 자격증 클래스에서 마카롱 하나하나에 크림을 짜 넣듯 내 전단지를 세대 현관에 하나씩 넣는다. 긴장된 마음으로 계단을 내려가다가 현기증이 나서 오는 길에 산 마카롱 하나를 꺼낸다. 조마조마한 심정으로 마카롱을 야무지게 앙! 깨문다. 생각보다 쉽게 무너져버린 마카롱에 내 마음도 무너진다. 마카롱은 물컹하고 난 울컥한다.

비행기를 타야 하는데 엘리베이터를 타고 있고, 공항을 워킹(Walking)하고 싶은데 전단지 꽂는 일(Working)을 하고 있으니 답답하다. 성에 갇힌 공주처럼 구조를 외치듯 복도 창문을 열어본다. 하늘이 남색 빛이 되어서야 집으로 돌아간다.

항공사 면접이 언제 있을지 모르니 주로 출퇴근 시간을 활용하여 지하철에서 기출문제에 대한 답변을 영작하고 외웠다.

"안녕하십니까아아아~~!"

출근해서 승무원 배꼽 인사하기. 나에겐 일상이 준비다. 밝은 성격과 몸에 밴 인사 습관 덕분에 직장에서 베스트 스마일 상을 받았다. 현재의 환경에서 내가 할 수 있는 일에 최선을 다했다.

그러자 어느 순간부터 업무 실적이 열매를 맺기 시작했다. 돈을 많이 벌기도 했다. 그러나 나는 여전히 승무원이 되고 싶었다. 면접에서 합격하는 상상을 하며 반복되는 일상을 살아냈다. 다양한 경험으로 답변 내용도 풍부해져 갔다.

몇 달 후에 내가 가장 가고 싶었던 에미레이트 항공사(Emirates Airlines) 채용 공고가 났다.

나는 서둘러 지원을 했다. 에미레이트 항공사 최종 면접에서 아일랜드 출신의 면접관이 나에게 지원 동기를 물어보았다. 그때 나는 승무원이 되고 싶은 이유를 삶 속에서 간절하게 찾은 이야기를 했다.

드디어 2004년 1월, 나는 꿈꾸었던 외국 항공사 승무원이라는 첫 꿈을 이루게 되었다.

'가슴이 뛰는가? 장점과 성향을 업무에 적극적으로 활용할 수 있는

가?'

세상에 능력 있는 사람은 많지만, 자신의 일에 영혼을 쏟아 붓는 사람은 특별하다.

나는 그동안 은행이라는 직장생활을 통해 경제와 금융 지식도 배우고 재테크 안목을 키웠다. 수많은 마포의 아파트를 다니며 땅 밟기를 하고, 해외에서 근무하며 모은 돈으로 15년 후인 지금 나만의 둥지인 아파트도 마련했다.

로망은 내 삶의 원동력이다. 꿈 때문에 생긴 성장통을 겪으며 어떤 것도 쉽게 이루어지는 것은 없음을 알았다. 그냥 한국에서 살아도 되지만 내가 반드시 외국 항공사에 가고 싶었던 이유는 세상을 무대로 내 삶에 더 많은 기회를 주고 싶었기 때문이다.

모든 경험은 내 삶의 모양을 완성해 가는데 필요한 점 잇기이다.
외국 항공사가 아니면 안 될 절실한 이유와 목표가 있는가?
승무원이 되고 싶은 열망에 휩싸여 있는가?
내가 원하는 것에 미치면 내 꿈이 온 삶으로 반응한다.
꿈을 이루기 위해 직행 코스만을 고집할 필요는 없다. 나의 현재는 미래와 연결되어 있는 '커넥팅 닷(Connecting the Dots, 과거의 경험들이 점처럼 모이면 하나의 선이 된다)'이므로.

## 2. 사회활동 경험 쌓기

**Q** 당신의 사회 활동 경험을 말해 주세요.
- What have you achieved in your last work?
- Tell me about a time you worked in team or service field.
- What do your colleagues say about you?
- Can you tell me about a work experience where you took the initiative and made something happen?

### Tip

지원자의 능력과 회사의 니즈가 맞을까? 지원자에게 기대할 수 있는 역량은 무엇일까? 직장 동료들이 지원자를 어떻게 평가할까가 면접관의 주된 관심사다. 따라서 협력하여 성과를 이뤄낸 업무에 대한 경험을 자신 있는 태도로 이야기해야 한다. 긍정적인 성향을 증명할 수 있는 구체적인 사례가 좋다. 면접관이 미래의 동료라면 팀과 하나 되어 즐겁게 일하는 사람을 선호할 것이다.

# 영어 면접, **나라면 이렇게 답변한다** /
Job Interview Scripts

### ① 주제

I have had a lot of flying experience as a flight attendant as I have worked for different international airlines, first starting at Emirates, later moving to Hong Kong Airlines. After taking a few years out for further education, I then rejoined Emirates at 34.

### ② 경험을 통한 예시 (열정과 성향 어필)

Using flexibility and communication skills, I have always been able to adapt easily to unexpected situations. For example, on one flight to New York we had an economy class customer who forced to upgrade to first class. I took the initiative to approach her first and listened carefully to the passenger's wishes, so as to be able to find the best solution for her. As I am an empathetic person, I can easily make passengers feel comfortable and find the best solution for them in all circumstances. Anticipating a customer's needs before they have to ask always makes a great impression on them and that is, in my view, key to creating life-long customers.

My extensive past experience as a flight attendant will help me as a KLM cabin crew member to deal with the many different types of passengers I will serve on a daily basis. I have been professionally trained and worked with multinational colleagues and customers to solve problems effectively. I have solid English skills and am well familiar with international mannerisms, and act with appropriate cultural sensitivity. In particular, I was able to acquire a special adeptness to work with high-level customers, such as is needed for premium class. In the past, my passengers were so impressed by the distinguished service and assistance I provided that I was sent a praise letter from the company. My personal motto is to 'Make someone's day' and I always hope for all passengers that I serve to be happy and successful.

③ 결론(역량 강조)

I am determined to succeed in my field and I have clearly set my next goal in life: to join KLM airlines as an outstanding cabin crew member. I wish to upgrade my life through my work. As a flight attendant, I believe that the aviation industry has all the qualities that will help me grow further as a professional as well as a person and I know that, with the excellent training that KLM Airlines provides, I will be able to ensure both the safety and the highest standards of service to its passengers.

# 세라의
# 비행 스토리 1

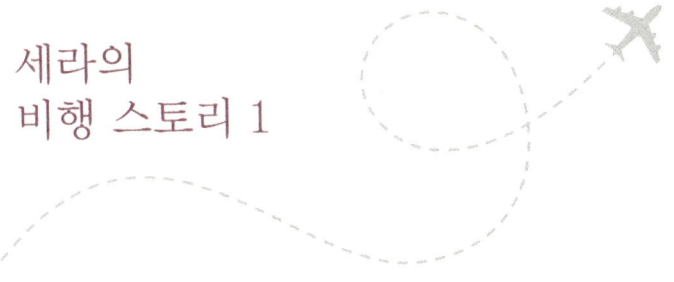

**Make someone's day,
고객에게 특별함을 선물하다**

　뉴욕 비행을 가는 날이다. 승무원들은 비행기 문의 위치를 기준으로 자신의 업무 구역을 정한다. 내 포지션은 L3. 왼쪽의 3번째 도어 오퍼레이터(Door Operator)를 맡았다.

　탑승 시작이다. 기내 좌석 사이에 서서 승객들을 기다린다. 승객들은 과자와 사탕을 양손과 어깨에 나누어 든 것처럼, 각자 자신이 맡은 짐을 들고 기차놀이를 하듯 일렬로 좁은 복도를 따라 걸어온다. 비행기 안 통로는 폭이 1m 정도 되는 철도길 같다. 중간 좌석에 앉는 승객이 자리를 잡고 짐을 올릴 때면 뒤따라오던 승객들이 일제히 멈춘다. 고개를 옆으로 내밀며 앞사람들이 왜 안 가나 바라보는 모습이 트래픽 잼(Traffic Jam)이다.

　내가 서 있는 곳에 승객이 오면 난 재빨리 몸을 틀어 좌석에 나를 밀착시키고 빠져 나온다. 다른 빈 좌석으로 팩맨 게임처럼 요리조리 이동한다. 유니폼 블라우스가 땀으로 등에 밀착된다. 빨간 모자에 붙어 있는 실크 스카프도 얼굴에 붙는다. 모두 착석을 하면 보딩(Boarding)을 마친다.

나는 은쟁반에 뜨거운 타월을 담아 양손 가득 받쳐 들고 이코노미클래스 갤리가 있는 비행기 꼬리에서 서비스가 시작되는 비행기 중간 허리까지 걸어 나온다. 다른 동료와 함께 나란히 양쪽 통로를 레일삼아 발뒤꿈치를 들고 우아하게 앞으로 향한다. 승객들이 주목한다. 나는 승객과 눈을 마주치면서 타월을 하나하나 나누어준다.

그때 우아한 50대 중년 여성이 업그레이드로 퍼스트 클래스를 이용하려면 가격이 얼마인지 조심스레 묻는다. 업그레이드 비용에 대한 답변을 메모지에 적어 알려드리자, 몇 배나 비싼 가격에 놀라 당황하신 표정이다.

"너무 비싸서 나 같은 사람은 퍼스트 클래스를 평생 못 타 보겠네요. 저도 젊었을 때 승무원이었어요. 갑자기 결혼을 하게 되어서 이코노미에서만 잠깐 근무를 하다가 비행을 그만 두었는데 오랜만에 비행기를 탔네요. 퍼스트 클래스에 한 번 타보고 싶은데…."

나도 이제 전직 승무원이 되었지만, 승객으로 퍼스트클래스를 타본 적이 없다. 승무원들이 승객이 되어 비행기를 타면 모든 것에 관심이 많다. 서비스는 어떤지, 갤리에서 무엇을 하는지. 일하는 승무원들의 마음과 상황을 눈과 마음으로 너무 잘 헤아리게 된다. 나도 50~60대가 되면 비행기를 탈 때마다 그 시절이 그리울 것이다.

승객의 마음에 깊이 공감한 나는 "손님, 제가 퍼스트 클래스 저리가 라 할 만큼 특별한 서비스로 모시겠습니다. 제가 동안이라 신입처럼 보여도 비행 경력이 꽤 오래 되었어요. 오늘 제게 특별한 승객으로 모실 기회를 주세요. 괜히 좌석에 비싼 돈 쓰지 마시고, 그 돈을 즐거운 여행과 멋진 선물을 위해 사용하시는 건 어떨까요?"

나의 진심이 담긴 솔직한 말에 승객은 크게 웃었다.

만약 손님이 마일리지를 충분히 보유하고 있으면 그것으로 퍼스트 클래스로 업그레이드할 수 있지만, 우리 비행기를 자주 이용하는 승객이라 하더라도 앞쪽이 만석일 때는 기내에서 좌석 업그레이드가 불가능한 경우가 있다. 내 마음대로 해줄 권한이 없기에 승객이 무안하지 않게 항공사 규정을 잘 설명해 드린 것이다.

승객들 대부분이 잠이 들거나 지루해질 때쯤 에미레이트 항공의 가장 인기 있는 기내 서비스가 있다. 나는 폴라로이드 카메라를 목에 걸고 승객들의 소중한 추억을 포착하는 사진작가로 변신한다. 기내에서 잠을 못 이루는 승객들은 구름과 별이 가득한 밤하늘을 배경으로 달리는 비행기 안에서 낭만 사진을 찍는다. 사진을 빨리 뽑기 위해 입김을 호호 불거나 흔들기도 하면서 사진이 선명해지는 순간을 승객과 함께 설레는 마음으로 기다린다. 사진의 색상과 형태, 그리고 표정까지 서서히 나타나면 모두들 신이 난다. 난 포토 프레임에 끼워 네임 팬으로 내 이름과 메시지를 남긴다.

'EK151 Copenhagen by crew Sarah.'

승객에게 기억에 남는 사진을 찍어 드리는 것은 매우 즐거운 일이다. 에미레이트 유니폼의 트레이드 마크는 태양을 상징하는 빨간 모자다. 모자에 붙어 있는 흰 스카프를 목에 한 번 두르고 끝을 살짝 접어 넣으면 사막에 부는 바람처럼 주름 모양이 만들어진다. 유니폼 색깔도 사막의 모래처럼 베이지다. 내 빨간 모자와 함께 레몬을 넣은 홍차를 가지고 승객에게 다가간다. 상큼한 레몬 향기가 퍼지면 주변 승객분들이 향이 좋다며 나른한 눈빛으로 내게 말한다. "저도 레몬 홍차 한 잔 주실래요?"

'능숙하고 친근한 서비스와 마음까지 헤아리는 섬세함에 감동을 받았다'며 회사에 내 이야기가 담긴 감사 편지가 매니저를 통해 전달되었다. 나는 승객들 모두 행복하게 성공한 미래의 퍼스트 클래스 고객이 되거나, 우리 항공사의 열정적인 팬이 되기를 바란다.

비행에서 '누군가의 특별한 날 만들기' 미션 클리어!

## 내 인생을 업그레이드하다

비행기의 어떤 클래스에 앉아 있는가가 삶의 수준과 사람을 평가하는 기준으로 보일 수 있다. 2004년 처음 항공사에 입사한 후 이코노미 클래스에서 1~2년 쯤 일했을 때 나는 비즈니스 클래스로 진급했다. 나는 한동안 진급이 막혀서 이코노미 클래스에서 꽤나 오래 머물렀다. 기다려도 기회가 없어 대학원에 진학하기 위해 회사를 그만두고 한국으로 들어왔다. 그러다 홍콩 항공에 부사무장으로 이직을 하게 되어 2년 동안 홍콩에 있었다.

다시 돌아와 대학원을 졸업할 때쯤 에미레이트 항공사에 재입사했다. 34살, 면접시험을 처음부터 다시 보고 이코노미 클래스로 복귀했다. 곧 비즈니스 클래스 트레이닝을 받고 진급을 하겠지 싶어 기본기를 다시 다지는 마음으로 비행을 했다. 재입사후 1년이 지나 안전교육 시험을 보고 며칠 후에 바로 트레이닝이 시작되는 프로그램이 있었다. 그런데 SECURITY 10문제 중 8개를 맞추어야 통과인데 7개를 맞추어 떨어지고 말았다. 패일(Fail)이다.

다음날 시험을 다시 봐서 합격했으나 진급 스케줄이 뒤로 밀렸다. 그리고는 교육이 취소되었다. 기다리고 기다리던 진급이었는데 아차 하는 순간에 물 건너가 버렸고, 나는 입사 동기들과 흐름을 같이 하지 못했다. 새로운 근무 환경에서 일하고 업그레이드 된 교육이 필요한데 같은 자리에서 쳇 바퀴만 돌고 있는 것 같아 속상했다. 경력직이었으므로 진급 혜택이 더 많다고 생각해서 남들은 부러워했으나 사실 난 '처음부터 다시'였다. 동료들에게 진급에 관한 이야기는 하고 싶지 않았다. 누구도 먼저 말 꺼내기를 꺼려했다. 그럴 때마다 먼저 아무렇지 않게 나의 이야기를 하면 그들도 마음 편하게 자신의 비행 이야기를 풀어냈다. 경력직에 대한 스스로의 의식이 문제였다. 나 또한 비행기라는 작은 공간 속에 존재하는 계급을 느끼고 있었던 것이다. 남들의 시선에 신경 쓰지 않고 나 자체로 감사하고 행복해야 한다는 것을 진통을 겪고 나서야 알았다.

 기회가 한 번 지나가 버리면 언제 다시 올지 모른다. 항상 준비를 하고 기다려야 한다. 무엇을 얼마나 잘해야 하는지, 열심히 한다고 누가 알아주거나 달라지는 것은 안 보이겠지만 어느 순간 때가 온다. 그것이 여기서는 운이고 실력이다. 내게 그 시간들은 잘난 척할 싹을 잘라 버리고 겸손한 마음으로 가장 낮은 자리에서 사람들과 동료들을 섬기는 계기가 되었다. 내가 잘나서 된 것이 아니라, 은혜로 된 것을 잊어서는 안 되었다.

 이코노미 클래스에서만 3년을 있다가 비즈니스 클래스로 진급을 했다. 남들에 비해 뒤처진다는 혼자만의 생각 속에서 맘고생을 마치고 이제 드디어 됐다 싶어 마음이 놓였다. 막상 이루고 나니 해야 할 일을 마친 듯 담담했다. 나에게 쉬운 건 하나도 없다.

 0.3mm 앞으로 진입했다. 비행기에서는 좌석 클래스가 커튼 한 장으로 구분된다. 이코노미, 비즈니스, 퍼스트 클래스는 헝겊 한 장으로 된 칸막이로 나누어져 철저하게 계급의식을 가지도록 분류되어 있다. 그러나 진급을 하여 비즈니스 클래스에서 일을 해보니 오래 일해서 만만하고 편하던 일반석과는 업무 내용과 느낌이 모두 달랐다. 여기서는 향수 냄새가 났다. 이코노미 승객들은 우리 집에 초대한 내 손님들 같았는데, 이곳으로 오니 내가 그들의 저택에 초대된 것 같아 오히려 조

심스러웠다.

　또 다른 시작이다. 내가 다시 NEW가 되었다. 이코노미에서는 일이 익숙했고, 승객들은 편하고 친근했다. 그러나 비즈니스 클래스에서는 성공한 사람들의 우아한 태도를 배울 수 있었다. 나의 매너와 영어 실력도 늘어갔다. 어렵게 된 만큼 남들이 모르는 소중함이 있었다. 몇 배 더 큰 기쁨과 감사다. 그동안 이코노미에서 발랄하고 친근한 스타일의 서비스를 했다면 여기서는 차분하고 세련된 매너가 필요하다. 나는 비즈니스 클래스에 금방 적응을 했고 곧 내 무대처럼 편해졌다.

　성공한 사람들을 좁은 공간에서 가장 많이 만날 수 있는 높은 곳은 바로 비행기다. 그래서 승객들도 승무원들도 모두 높은 위치에 올라가고 싶은 것이다. 이코노미 클래스에서 오래 버틸 수 있었던 것은 비행이라는 일 자체를 즐기고 사랑했기 때문이다.

　진정한 업그레이드란 무엇일까?

　지상에서 살아가는 사람들의 삶도 클래스가 다르듯이 하늘에서도 좌석에 따라 3종류의 클래스로 나눈다. 나는 항상 남들보다 빨리 성공하고 잘나가고 싶었다. 시간이 오래 걸려도 어느 순간을 넘으면 내 차례가 온다. 모든 것이 인생의 속도에 맞춰 이루어지고 있음을 나는 알게 되었다. 남들과 비교하지 않고 빨리 가는 사람 부러워하지 말기. 남이 하는 거 말고 내가 잘하고 좋아하는 일 더 잘하기. 비행기 안에서 승객들을 마주하며 나를 비추는 거울처럼 객관적으로 비춰볼 수 있었다. 그런데 문득 드는 생각. 그렇다면 이제 새로운 목표는 다음 커튼 앞으로의 진입이란 말인가? 그렇다고 내가 높아지는 것이 아닌 걸 알고부터는 나는 내 인생의 업그레이드를 하기로 결정했다.

### 에미레이트 항공사 승무원의 직급 체계

① Abinitio(Trainee) 트레이닝 5~6주를 거친다. 그리고 6개월간의 프로베이션(probation)이라는 수습 기간 동안 2~3번의 SUPY(Supernumerary Flight) 비행을 한다.
② 이코노미 클래스 승무원(G2): 일반석 승무원으로 회사 내규에 따라 일정 기간 동안 근무 후에 진급을 한다.
③ 비즈니스 클래스 승무원(G1)
④ 퍼스트 클래스 승무원(FG1)
⑤ 부사무장(Cabin Supervisor 또는 SFS): 일반석과 비즈니스석 기내를 책임지는 매니저
⑥ 사무장(Purser) Chief Purser: 비행기 전체를 책임지는 직책
⑦ 부기장(First Officer)
⑧ 기장(Captain)

## 3. 항공 승무원 업무의 특징과 장점 미리 알아두기

**Q 승무원의 장점은 무엇이라고 생각하나요?**
- What are the merits of flight attendants?
- What are the advantages of working as a cabin crew?
- What would be the strong point in service field?

### Tip

면접자가 우리 회사에 무엇을 기대하고 지원했는지, 업무의 내용을 알고 있는지를 파악하려는 질문이다. 지원한 분야의 일이 나를 행복하게 해주는 이유와 동기 부여가 된 상황을 열정을 담아 설명한다.

**외국 항공사 승무원의 장점**
1. 외국 동료들과 일을 하면 그 자체가 어학연수가 된다.
2. 쉬는 날(OFF)이 많아서 자기계발의 여유가 많다.
3. 회사에서 숙소(아파트, 빌라에서 2~3명과 쉐어)와 각종 공과금을 제공한다.
4. 출·퇴근시 회사 셔틀 버스가 제공되어 교통비가 들지 않는다.

5. 국내 항공사처럼 정해진 팀 비행이 아니어서 매 비행마다 승무원들이 바뀐다. 새로운 동료들에게는 항상 배울 점이 많다.

6. 비행이 끝나면 모든 업무가 끝나므로 눈치 보지 않고 깔끔하게 칼퇴근한다.

7. 본인과 직계가족에게 90% 항공권 할인 혜택이 있다. 1년에 1번 본인에게 무료로 제공되는 Annual Leave Ticket이 있다. 지인들을 위한 50% 할인 스페셜 티켓도 있다.

8. 세계의 면세점 할인 혜택과 회사의 크루 멤버십 카드로 두바이의 호텔, 레스토랑을 할인 가격으로 이용할 수 있다.

9. 비행에서 레이오버를 가면 호텔 1인 1실과 체류비가 제공된다.

10. 유니폼 세탁 서비스가 있어서 편리하다.

# 영어 면접, 나라면 이렇게 답변한다 /
# Job Interview Scripts

### ① 주제

I think the benefits of being a member of the cabin crew is to be able to work in a diverse and exciting work environment. It is like an infinite number of cheesecakes. I have toured the world for eight years now and I am still hungry for more.

### ② 예시

First, as a flight attendant I can make a bucket list of countries. I can travel around the world while still making money. As airlines operate on a special schedule, opportunities are open everywhere. You can apply for your desired flight schedule each month. Then there is also the Roster Swap, which is a system for flight attendants to swap the flights they have been assigned. As long as the rules of the flight plan are met, flights can be exchanged. Each flight attendant presents his or her own flight as a job advertisement. Even with thousands of flights, it is unusual to find a flight that fits exactly the conditions I want. It is fortunate when we can swap a flight we don't want for one that we do. It takes both effort and luck, but this is part of the fun of our job.

Second, with this job self-improvement is always possible. While working with foreign colleagues, you can learn languages from each other. With every single flight the team changes and you have the chance to meet new colleagues, allowing me to make many friends and build solid relationships. In this way, being a flight attendant has given me the opportunity to develop excellent customer service and communication skills with a wide range of people.

Last but not least, I can always be amiable and humble to the people around me, with a pleasant smile on my face. I cherish that this job makes me grow as a professional on a daily basis and, for me, my dream of becoming a flight attendant was a turning point in my life. I planned my career steps carefully, always keeping in mind that one day I would be a member of an airline crew. Thus, I have been able to realize my own potential to its fullest and develop abilities as I recognized the needs of and the suitability between the company and myself. Even now, when doing interviews for this position, I feel strongly that this is the right job for me as it brings my hidden passion to the surface.

③ 결론

Flight attendants are people with a proven sense of adventure, good judgment and extraordinary strength. When you use your job creatively, you can make bold and proactive attempts to make a difference in the life of your customers – the airline's passengers – as well as your own.

On a sweet journey that connects me to the world, I light candles on the cake of my life. I hope my wishes will come true in the future. The beauty of being a member of the crew is like a cheesecake that is always delicious.

# 세라의
# 비행 스토리 2

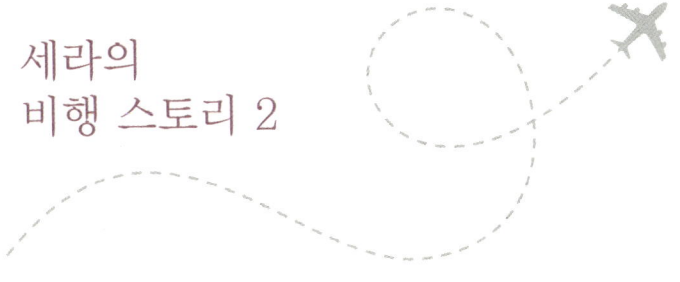

**치즈 케이크 같은 나의 비행**

 지구는 둥글고 경험할 수 있는 세계는 무한대다. 비행의 장점은 무한대로 조각 낼 수 있는 치즈 케이크와 같다. 8년간 지구를 돌며 온 세상을 둘러보았지만, 만족에는 끝이 없다. 누구나 인생의 버킷 리스트가 있다. 승무원의 장점은 돈을 벌면서 세계 일주를 하고, 나라별로 버킷 리스트를 이룰 수 있다는 것이다. 직업의 특성상 계획한 만큼 세계 어디에서나 기회가 열려 있었다. 영원히 이 일을 할 수 없다는 것을 알았으면 조금 더 대범해도 될 것을. 몇 꼬집의 용기와 실행력이 더 필요했다.

## 비행 스케줄

나는 매월 원하는 비행 스케줄을 신청할 수가 있었다. 승무원의 한 달 비행시간은 80~100시간 정도이며, 업무와 여행이 동시에 이루어진다. 컴퓨터 시스템을 통해 비행하고 싶은 나라를 신청할 수는 있지만 반드시 원하는 대로 나오는 것은 아니다. 인기 취항지는 받기 어렵지만 운이 좋으면 갈 수도 있다. 비행기 편명, 날짜, 시간을 정하여 스케줄을 짠다.

외국 항공사의 경우 12,000명 이상의 승무원 전체를 7개의 그룹으로 나눈다. 그룹 1부터 그룹 7이 차례대로 돌아가므로 우선순위가 매달 바뀐다. 예를 들어 내가 그룹 4이고, 이 달 그룹 4가 1순위라면 내가 비딩(Bidding-신청)한 대로 나온다. 하지만 1순위였던 그룹 4는 다음 달에는 7순위가 되며, 이를 리저브(Reserve)라고 부른다. 1년에 2번 찾아오는 이런 달에는 비행 스케줄을 받지 않고 스탠바이(Standby)가 된다. 주어진 시간대에 따라 긴장하고 전화를 기다리며 집에서 대기한다. 시간 안에 회사의 스케줄러가 전화를 해서 비행을 주기도 하고 비행을 받지 않을 수도 있다. 한 달 내내 어떤 비행이 나올지 조마조마하다. 회사에서 부르는 대로 어디든지 비행을 받는 것이다. 비행을 못하는 승무원 대신 가기도 한다. 끌려가는 것에 가깝다.

그리고 로스터 스왑(Roster Swap)이 있다. 로스터 스왑은 내게 주어진 비행을 내가 원하는 비행 스케줄을 가진 다른 승무원과 서로 바꾸는 시스템이다. 규정에 맞으면 바로 바꿀 수 있다. 승무원들은 각자 바꾸고 싶은 비행을 구인구직 광고처럼 내놓는다. 수천 개의 비행 중 내가 원하는 조건과 딱 맞아 떨어지는 비행을 찾기란 보통 어려운 일이 아니다. 가고 싶은 비행과 가기 싫은 비행을 노력과 운으로 바꿀 수 있다는 게 다행이다. 구하면 얻고 두드리면 열리는 시스템이다.

## 홍콩 비행가서 면접 보기

나는 두바이 다음으로 어디에 살고 싶은지 부동산에서 집을 찾듯 세상을 둘러보았다. 세계 여러 도시를 하루씩 살아본 결과 나의 나침반은 홍콩을 가리켰다. 자꾸 끌리는 홍콩 비행을 매달 신청하여 100번도 더 갔다. 내게 홍콩은 특별한 설렘이 있는 곳이다.

홍콩 취업을 위해 유명한 잡 사이트(Jobsdb.com)에 이력서를 보내고 비행 스케줄에 맞춰 홍콩에서 면접 일정을 잡았다. W호텔 리셉션에 지원하여 홍콩에 도착한 당일 면접을 보았다. 24시간 체류하는 동안 하루만에 3차 최종 면접까지 보았다. 면접에서 자세한 업무 내용과 근무 환경을 듣고 내가 하고 싶은 일이 아니라는 것을 알았다.

직업은 삶이고 라이프스타일이다. 면접이란 이렇게 나와 회사 간에 필요와 적합성을 깨달아 가는 과정이기도 하다. 나에게 맞는 업무인지 면접을 통해서 알게 되므로 면접관이 아닌 나도 선택을 할 수 있다. 그러니 항상 자신감을 가져야 한다.

또다시 홍콩 비행을 갔다. 이번에는 내 전공을 살릴 수 있는 국제 학교 미술 교사 자리에 면접을 보러 갔다. 침사초이(TST)에 조금 일찍 도착하여 근처를 돌아다녔다. 싱가포르 면접관과 미술 교사가 되려는 이유에 대해 대화를 나누었다. 도예 전공과 영어 실력을 활용하여 홍콩에서 미술교육을 하고 싶다고 했다.

"제가 들어보니 지금 당신은 직접 운영을 해볼 타이밍이지 않을까요? 언제까지나 준비만 할 건가요? 재능과 경험을 펼쳐 보세요!"

마음 한편에 잠시 내려두고 있던 나의 숨겨온 열정과 꿈을 그가 끄집어 올렸다. 어쩌면 나는 그 이야기를 듣고 싶었는지 모른다. 이 면접으로 인해 전환점이 생겼다. 내가 비행을 하는 이유와 직업의 의미를 깨달았다. 그리고 내 인생의 나침반 방향이 미세하게 흔들리고 있었다.

홍콩에서의 면접은 새로운 도전을 위한 퇴사 준비의 계기가 되었다. 그럼에도 실제로 퇴사하기까지 2년이 걸렸다. 막연한 자신감으로 회사를 그만두면 안 된다. 직업이 삶에서 얼마나 중요한지 몇 번의 퇴사 경험이 있기에 두려움을 이겨낼 확신이 필요했다.

당신의 꿈은 무엇인가? 만약 요리사가 되고 싶다면 비행을 하며 유럽, 미주, 아시아, 중동, 아프리카, 남미 모든 나라의 음식을 먹어 보며 이직 준비를 할 기회가 있다.

사진작가가 되고 싶은가? 그렇다면 전 세계가 작품의 대상이다. 모델도 항상 있고 나라마다 다니며 사진을 찍을 수 있으니 얼마나 좋은 기회인가? 실제로 동기 승무원 중 한사람은 취미를 살려 전공으로 사진을 찍다가 퇴사 후 사진작가가 되었다.

승무원은 모험 정신과 센스와 체력이 검증된 사람들이다. 직업을 창의적으로 활용할 때 대담하고 적극적일 수 있으며, 인생에 날개를 달 수 있다.

캐빈 크루(Cabin Crew)는 장점이 무한대인 원형의 치즈 케이크와 같은 모양을 하고 있다.

나와 세상을 연결해 주는 달콤한 여정 속에서 내 인생의 케이크에 촛불을 켜자. 그 촛불이 앞날을 환하게 비춰 주고, 나의 소망이 꺼지지 않도록 해줄 것이다.

밀라노
## MXP.    10/02/12

| | | |
|---|---|---|
| CA | Raymond | EMM |
| FO. | paolo. | |
| SPUR | ~~Ad~~ Adel | →6:31 |
| PUR | Namrata (남) | |
| SFS | Nikhil | "드디어 책을 만남." |
| FG1 | Preeti  R1 | Hella jongerious |
| | Roxanne (즉시) L1 | misfit book. |
| G1 | Eihaing | |
| | hana  L2A | 1. T Design Museum. |
| | Song Yi L2 | 2. Last Suffer. |
| | Renee R1 | 3. castle museum |
| G2 | shuzi R5A. | |
| | Marina L5A. | |
| ★물24z | R2 Yunsun R3 | |
| ~~TAX Refund~~ | R4 Ruksana L | |
| Gate B10 | L3 Elena R5 | |
| 가는길에. | R5 Kaushik R4 | |
| | Mennatulla | |
| | L4 | |

BR NO:13   BUS:09
MXP EK 091/10
EK960237

세라의 비행 스케줄 노트 1

051.  MUC.  20/11/11.

A  Gordon.                     ERP.
FO.  Abdulaham.
                              340-300.
PUR  Jia (Joy).
SFS.  Natalia./Dory.           GMP +3

                              2/43/217.
FG1. Alma.
G1  keiko pudarsk/Joan/
     L2A    R2      L2
                              6:05.
G2 R↓Isabella L4A
   L3 Binitha R4.             34000.
                              5:20.
R3  Grace  L3.
L4A  Yunsun (Sarah). R3       Wake↑
                              18:20
(#)                           Pick up
                              19:20

Emirates
Emirates Crew
UN SUN
뮌헨
BR NO:30   BUS:07
MUC EK 051/20

세라의 비행 스케줄 노트 2

## 4. 가족은 나의 힘이다

**Q 당신의 가족에 대해 이야기해 주세요.**
- Tell me about your family member.
- What is the relationship with your family?
- Tell me about one of your family member.
- What are your brothers and sisters do?
- How many are there in your family?

### Tip

면접관이 특별한 의도를 가지고 질문을 하는 것이 아니라, 가족을 통해 지원자를 알아보기 위한 것이므로 경계심을 풀고 순수하게 이야기하는 것이 좋다.

# 영어 면접, **나라면 이렇게 답변한다** /
# Job Interview Scripts

### ① 주제

There are four members in my family; my parents, my younger brother, and I. We are very family oriented. I grew up surrounded by love and became a loving person as a result.

### ② 예시

My parents worked when I was young, so I became responsible and mature because I looked after both myself and my brother when they weren't there.

My brother and I are very close. Our dreams and passions affect each other. Especially as we grew up, I influenced my younger brother to broaden his view of the world. I have never been afraid to take on new challenges, which is something I passed on to him. He watched my success abroad and decided that he wanted to build his career abroad as well. After I moved far away to the Middle East to work as a flight attendant, we often went on adventures together using my airline family discount tickets. He was proud of me for being a member of a foreign airline crew.

When he resigned company, he decided to open a cafe in Sri Lanka. He was passionate about business and has shown a lot of talent for running his company well. He lives in a foreign country which he loves.

③ 결론

Even thought we are far away from each other, we support each other without limits. we have a sense of trust and belief that our family bond can never be broken. Our family is spread across the world, but we are closer than ever. Nothing is more precious to me than family and they are a big part of my life, wherever I am. My family members are the basis of my happiness in my life.

# 세라의
# 가족 스토리

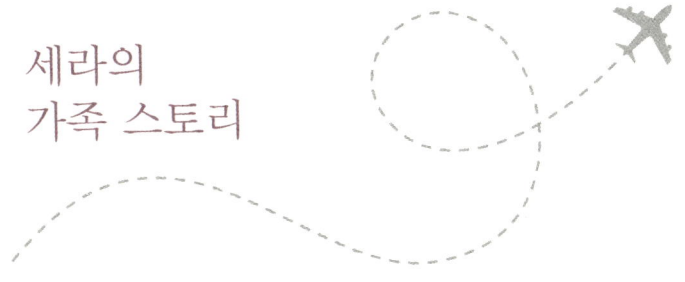

## 동생의 카페 알프레드(Cafe Alfred)

나에게는 남동생이 있다. 우리 남매는 이상하게도 외국에서 엇갈려 살아간다.

꿈은 옮는다. 열정은 닮는다. 동생은 내가 외국 항공사 취업을 준비하며 꿈을 이루는 과정을 쭉 지켜봤다. 내가 중동의 항공사 승무원이 되어 해외로 거주지를 옮긴 이후, 90% 할인 혜택이 있는 가족 항공권으로 두바이를 오가며 나와 해외여행을 자주 다녔다. 동생은 누나가 자랑스럽다며 자연스럽게 세계로 눈을 돌렸다.

내가 스리랑카의 수도 콜롬보를 처음 간 건 2004년이었다. 거기서 원숭이가 그려져 있는 티셔츠를 보고 원숭이띠인 동생이 생각나서 옷을 샀다. 동생에게 줄 선물들을 각 나라에서 모을 때마다 동생이 신기해 할 것을 생각하면 기분이 좋았다. 한국으로 잠깐의 휴가를 가면 그동안 겪었던 독특한 사연들과 함께 이야기를 풀어내는 기쁨이 있었다.

동생은 내가 사다 준지 10년이 넘은 그 원숭이 티셔츠를 아직도 갖고 있다고 한다. 이건 누나가 어디서 사다 준 거, 이건 언제 사다 준 것이라며 모든 것을 기억하고 있는 동생은 추억이 있는 물건은 서운해서 버리지 못하겠다고 엄마에게 말했다고 한다. 그 티셔츠를 오래도록 간직하며 동생도 외국에 나가고 싶은 마음이 들었을까?

동생은 어느 순간 해외 취업으로 방향을 돌렸다.

내가 승무원 생활을 마치고 한국에 돌아온 2014년, 그 해에 동생은 스리랑카 콜롬보로 이직을 했다. 한국에 살기 싫었던 것일까? 동생은 스리랑카에서 자신이 하고 싶은 일들이 눈에 보인다고 했다. '누나, 난 왠지 스리랑카가 좋아. 여기서 살아 볼래.'

나 때문에 스리랑카라는 나라에 인연이 닿은 건 아닌지 괜한 걱정이 떨쳐지지 않는다.

동생은 지난 4년간 콜롬보에서 직장생활을 하며 건축일이 자신의 주파수와 맞지 않는다는 것을 알게 되었고, 삶의 방향을 다시 설정하기로 했다고 한다. 꼼지락꼼지락 느리게 움직이는 그의 성향과 같이 동생은 새로운 목표를 향해 서서히 움직여 갔다. 소소한 행복을 누리기에 적합하고, 경쟁이 치열하지 않은 콜롬보가 오히려 한국보다 어울려서 마음이 놓였다. 새로운 도전을 두려워하기보다는 경험해 본 후에 판단하면 된다. 나는 동생이 콜롬보에서 새로운 인생을 어떻게 펼쳐 나갈지 무척 궁금했다.

2017년 7월, 동생은 회사를 그만두고 인생의 첫 토스트 카페를 오픈했다. 그것이 카페 알프레드(Cafe Alfred)이다. 현지 사람들은 동생이름을 알프레드로 알고 있다는데 사실은 카페가 있는 동네의 이름이 Alfred Street여서 카페 이름을 그렇게 지었다고 한다.

　동생은 이참에 자신의 영어 이름을 알프레드로 해볼까라며 웃는다. 난 왠지 어울린다고, 뭐든지 맞장구를 쳐준다. 생각해 보면 동생은 미각이 발달해서 있는 재료로 음식을 뚝딱뚝딱 만드는 재주가 있었다. 같이 자라는 동안 나는 늘 공주 누나였거나 외국에 있었다. 그래서 동생이 내 대신 엄마의 가사 일을 돕거나 요리도 자연스럽게 했던 걸까?

　동생이 마침내 먼 길을 돌아 잘할 수 있는 일을 찾은 거 같아서 다행이다. 그러나 왜 생활이 불편한 콜롬보에서의 삶을 선택했는지 현실적인 대화는 한편에 접어두었다.

　5평의 직육면체 카스텔라를 닮은 공간의 카페 알프레드. 혼자서 토스트와 음료를 만들고, 계산은 물론 손님 응대도 한다. 새로 오픈한 토스트 카페를 잘 생긴 한국 청년이 운영한다고 현지인들에게 소문이 났단다. 길을 오가며 지켜본 사람들이 호기심을 보이며 들어온다. 스리랑카의 한 작은 동네 콜롬보에서는 신기한 풍경일 것도 같다. 한국의 대표적인 길거리 음식으로, 버터향이 가득한 토스트 맛을 처음 본 현지인들은 큰 눈을 껌뻑이며 단숨에 맛있게 먹는다고 한다. 그 모습을 지켜보는 동생은 무척 행복하다고 한다.

　나는 카페 오픈에 맞추어 동생을 보러 스리랑카에 갔다. 일주일 동안 콜롬보에 머물며 지켜보니 동생의 카페에는 다양한 사람들이 왔다. 나는 손님들에게 일부러 말을 걸며 시끌벅적한 분위기를 만들었다. 동생과 하고 싶은 말이 너무나도 많지만 테이블 하나를 사이에 두고 음식을 만들고 있는 동생의 뒷모습을 헛헛한 마음으로 지켜본다.

　동생은 왼손잡이다. 가위질도 칼질도 어쩌면 저렇게 어설퍼 보이는지, 동생이 토스트를 만드는 모습을 보고 있자니 마음 한편이 짠하다. 그가 나처럼 행복을 찾아 낯선 나라에서 열심히 사는 것을 보고 있으려니 금방 눈물이 떨어질 거 같다. 가족 모두가 한국에서 함께 살면 좋을 텐데. 혼자 끙끙대다가 손님이 들어오면 승무원 출신답게 급 밝은 모습을 보인다. 들러주는 손님들이 그냥 고마웠다. 내가 한국으로 돌아가도 외로울 틈 없이 바쁘게 해줄 동생의 친구들이 되어 줄 테니까.

　동생이 가족과 떨어져 살아도 즐겁게 지내길 바라는 마음에 내 행동이 오버한다. 손님들에게 내 동생을 부탁하듯 아니 차라리 외치는 심정으로 서비스를 한다. 나는 두바이에서 혼자 지낼 때 아무리 밝게 빛나던 태양도 사막의 적막함을 감추지 못한다는 것을 느꼈다. 눈부신 태양이 오히려 무서울 만큼 외로운 잡념이 되어 속을 시끄럽게 했었다.

　동생이 카페 문을 잠시 닫고 시내 구경을 나가자고 한다. 뜨거운 햇살 속을 걷다가 더위를 먹었는지, 아니면 생각보다 고생스러워 보이는 동생의 이곳 생활을 보고 속상한 마음이 앞섰는지, 현지에서 간신히 먹은 푸드 코트의 음식 때문에 머리가 아프고 속이 울렁거려 다 토해 버렸다.

　동생을 혼자 두고 오려니 마음이 불편하여 애써 태연한 척했다. 동생은 내게 콜롬보에 와서 현지 음식을 먹고 촌스럽게 물갈이를 하냐며 핀잔을 주었다. 어릴 적에 전등을 켜고 부엌으로 들어가는 듯한 착각을 불러일으키며 휑한 부엌으로 들어간 동생은 예전처럼 뜨거운 국을 끓여 '이것 좀 먹어 봐'라며 나를 부른다.

동생이 차려준 국을 몇 숟가락 뜨다가 속이 안 좋아서 내려놓았다. 동생은 조용히 식탁을 치웠다. 지금에 와서 동생이 나를 위해 애써 끓인 그 국 맛이 생생하게 기억 날 때가 있다.

초등학교 시절 부모님께서는 맞벌이를 하셨다. 엄마가 집에 돌아오기를 기다리다 배가 고파진 나는 어두워진 주방의 등을 켤까 말까 망설였다. 그러다 처음으로 우리끼리 라면을 끓여 먹자고 했다. 동생은 라면 국물이 먹고 싶다는 내 말을 듣고, 라면 2개를 끓일 물보다 더 많은 양의 물을 넣었다. 국물이 많이 생길 줄 알았단다. 난 무엇 때문에 심통이 났는지 모르겠지만, 두 사람이 겨우 앉아서 먹을 수 있는 플라스틱 상에 놓여 있는 라면 그릇을 엎어 버렸다. 그 시절 동생의 마음이 어땠는지, 내가 뭐라고 말했으며, 그 후에 동생이 라면을 어떻게 했는지는 기억에 없다. 예전과 같이 누나에게 무어라도 먹이고 싶어 했던 내 동생. 내가 라면을 엎어버린 후 아무 소리도 하지 않고 동생이 치웠던 걸 이제와 생각하니 속이 울렁거린다. 뒤늦게 미안하다.

이제 나는 콜롬보에서의 짧은 여정을 마치고 집으로 돌아간다. 저녁 8시쯤 공항으로 출발해야 한다. 그동안 천 번을 넘게 짐을 싸고 풀며 살았다. 언제라도 곧 다시 만날 수 있기에 무한대로 이해해 주는 것이 가족이라고 생각했다. 여전히 만남과 헤어짐은 좀처럼 익숙해지지 않는다. 이 마음을 누르고 더 멋진 세상을 향해 행복을 찾겠다며 떠난

지가 얼마나 되었을까. 집으로 돌아오는데 비행기로 9시간이면 되는 거리를 왜 15년이나 걸렸을까.

    짐 가방을 꾸리기 위해 거실로 나가니 쨍하던 열기는 어디로 가고 부슬비가 내린다. 베란다 너머로 인도양이 펼쳐진다. 콜롬보의 저녁 하늘은 민트가 섞인 분홍색이다. 보라색 석양과 구름이 뒤섞여 휘날린다. 스위스 취리히의 미술관에 주저앉아 한참을 멍하니 바라보던 모네의 수련 그림과 같은 장면이 기억난다.

    난 곧 떠나야 하는데, 내 마음과 안 어울리게 바다와 하늘은 무한대로 여유로웠던 그 날의 하늘이 다시 떠오른다.

    외국에서 꿈을 이루기 위해 살아가고 있는 모든 동생들에게, 멀리서 늘 응원하는 가족이 있다는 것을 말해주고 싶다.

    '언제든지 집에 돌아와. 탁구공처럼 가볍게 왔다 갔다 해도 돼.'

    어디든, 무엇이든 다 괜찮다고 말해주고 싶다.

    이 세상에 흩어져 있는 디아스포라(Diaspora)와 같은 많은 사람들의 해외 생활을 축복하며, 꿈 때문에 떨어져 지내는 안타까운 누이의 마음을 동생에게 전해본다.

---

***디아스포라**: 팔레스타인을 떠나 세계 각지에 흩어져 살면서 유대교의 생활 습관을 유지하는 유대인을 지칭한다. 본토를 떠나 타지에서 자신들의 규범과 관습을 유지하며 살아가는 민족, 거주지를 말한다.

## 5. 취미생활과 힐링 라이프

**Q 당신의 취미는 무엇인가요?**

- What is your hobby?
- Do you have any special interests besides your job?
- What kind of excercise do you like?
- How do you spend your free time?
- What do you do for the refreshment?

### Tip

면접관의 질문 의도는 동료로서 함께 일할 때, 스트레스 관리를 잘할 수 있을까 하는 것으로, 면접자의 취미가 일에 어떤 영향을 미칠지를 알고 싶은 것이다. 따라서 활동성 있는 체력 관리와 자신만의 즐거운 취미가 있는 것이 답변 전략으로 좋다. 주의할 점은 일보다 취미에 빠져 있다는 느낌은 들지 않도록 해야 한다.

# 영어 면접, **나라면 이렇게 답변한다** / Job Interview Scripts

### ① 주제

Doing exercise every day has kept me physically fit and healthy.

I have enjoyed swimming since I was five years old. I go to a swimming pools twice a week and swim for an hour each time.

### ② 예시와 근거

I am an active person, so I like to go out and exercise, as this helps me clear my mind after a long and hard day of work to clear my mind after working all day.

Being a flight attendant requires a lot of mental and physical stamina, so it is important to take care of yourself. Knowing this, I learned to swim professionally before I became a crew member for the first time.

Summer is my favorite season of the year as I love to go to the ocean to swim and lie on the beach. This gives me great relief and comfort.

③ 결론

Overall, swimming motivates me to challenge myself, to learn new things and to live happily. It encourages me to approach what I want to do with a positive mindset. By choosing swimming as my hobby, I have made a wise plan for the future to keep myself in the best condition, both physically and mentally.

# 세라의
# 비행 스토리 3

## 승무원의 라이프 스타일

 승무원이라는 직업은 멘탈과 체력 관리가 그 무엇보다 중요하다. 어떤 승무원 동료들은 쇼핑을 하고, 세계 진미에 속하는 맛있는 음식과 술로 하루의 피로를 풀기도 하며, 종일 잠을 자기도 한다.
 나에겐 수영이 있었다. 비행으로 외국에 체류하면 하루 이틀 정도 5성급 고급 호텔에 머물게 된다. 나는 숙소에 도착하면 피스니스 센터의 럭셔리한 수영장을 먼저 찾는다. 그림 같은 곳에서 수영을 하다 보면 수준급인 나의 수영 실력에 외국 남성들이 주목을 하기도 한다. 하지만 외국인은 내게 이성의 대상이 아니므로 나는 수영으로 비행의 여독을 풀고, 다음 코스인 미술관 관람을 위해 달려 나가는 것이 습관이 되었다.
 수영장은 내게 엄마의 뱃속과 같은 곳이다. 오랜 외국 생활에서의 안식처이자 밀물과 썰물의 경계선이기도 하며, 외국과 고국의 경계인

공항 같은 곳이기도 하다. 엄마는 내가 어렸을 때 천재인 줄 아셨다고 한다. 글을 모르는데도 책을 읽어주면 듣고서 똑같이 따라 읽는 흉내를 내는 걸 보고 뭐든 배우게 하셨다. 호기심이 많고 다방면에서 재능은 있었지만 싫증을 잘 느껴 진득하니 오래 하는 것은 별로 없었다. 하지만 수영만큼은 어릴 적 살던 작은 아파트 동네 수영 교실이 아닌, 멀어도 유명한 곳으로 다녔다. 그때 시작한 수영이 나의 가장 오래된 취미이다. 또한 언제 어디서든 외롭거나 생각을 정리하고 싶을 때마다 달려가는 곳이 수영장이다.

## 호주의 수영장

나는 24살에 호주의 시드니로 유학을 갔다. 겨울에 떠났는데 호주는 여름이었다.

거기서 아파트에 세를 얻어 살았다. 내 룸메이트는 어학원에서 만난 한국 언니였다. 그 집 베란다 밖에는 수영장이 있었다. 그런데 남의 집 방 하나를 빌려 지내면서 내 집처럼 수영장을 사용한다는 게 어색하면서도 한편으론 은근히 부러웠다.

그곳의 수영장 타일은 부자연스러울 만큼 짙은 파랑색이었다. 물이 유난히 푸르고 깊어 보였다. 타이타닉 영화에 나오는 배가 잠긴 바다가 연상이 되어 무서움증이 날 정도였다. 게다가 호주 사람들의 평균 키에 맞춰졌는지 수심이 매우 깊었다. 사실 그동안 수영할 때 얼굴을 물 밖으로 내놓은 상태로 숨을 쉬며 수영하는 호흡법을 무시하고 숨이 찰 때까지만 헤엄을 쳤었다. 그런데 그걸 본 룸메이트 언니가 나에게 자유형을 가르쳐주었다. 그 날이 성인이 되어 수영을 다시 시작한 기점이 되었다.

  몇 달이라는 시간이 흐르자, 호주가 추워지기 시작했다. 나는 멜버른으로 여행을 가서도 올림픽 선수용 수영장에 갔다. 지금 다시 기억을 떠올리면 가장 인상적인 건 수영장의 깊이다. 그곳은 거인들의 수영장이었다. 바다 같았다. 너무 깊고, 무엇보다도 길이가 굉장히 길었다. 나는 내 수영 실력을 점검할 수 있겠다는 생각을 했다. 호흡법도 대충 흉내 낼 줄 알고, 팔다리도 자유형 비슷하게 할 줄 아니까 괜찮겠지 하고 두려웠지만 물속으로 들어갔다.

  발이 닿지 않았다. 발아래에 깊은 물이 있는 수영장은 처음이었다. 순간 생각과 다르게 몸의 균형을 잃었다. 힘을 빼고 차분히 물 밖으로 얼굴을 내밀어 숨을 쉬어야 한다는 걸 알지만 제대로 되지 않았다. 몸이 마음대로 움직이고 심장이 두근거려도 신기하게 정신은 또렷하다. 소금쟁이처럼 앞으로 쭉쭉 미끄러지듯 수영을 하는 모습을 상상했지만, 물속에 잠겨서 물안경으로 바라보니 수영장 밖에서 안전요원이 연신 호루라기를 삑삑 불어대며 난리법석이었다. 마음이 조급해진 나는 정신을 차리고 허겁지겁 레일 중간에 있는 플라스틱 줄에 대롱대롱 매달려 간신히 물 밖으로 기어 나왔다. 나의 프로와도 같은 데뷔 수영이 될 수도 있었는데…. 그 날 이후 나는 수영을 다시 제대로 배워야겠다고 결심했다.

### 두바이 승무원 숙소 수영장

26살에 나는 처음으로 승무원이 되어 두바이로 갔다.

내가 두바이에서 살았던 곳은 나의 새 출발을 축복이라도 하듯 멋진 쉐이크자이드 로드의 55층짜리 최신식 빌딩이었고, 나는 22층에 마련된 승무원 숙소에서 지냈다. 그 동네는 두바이 왕의 상상이 만들어낸 고층 빌딩이 들어선 인조 도시가 시작된 곳이었다. 그곳에서는 수영장이 건물 옥상에 있었다. 끝없는 사막에 펼쳐진 도시의 모습이 현실감 없는 SF 영화의 한 장면 같았다. 지금까지 많은 수영장에서 헤엄을 쳤지만 하늘 아래 수영장이 있는 곳은 처음이었다. 건물 옥상의 수영장은 하늘에 닿아 있다는 느낌이 들 정도로 아찔했다.

더 신기한 풍경은 모델 같은 외국인 승무원들이 태양 바로 아래서 직사광선을 쬐며 태닝을 하고 수영을 한다는 것이다. 한국에서 두바이로 가기 위한 준비를 할 때 나는 엄마와 함께 모든 수영 스타일을 상급 과정까지 제대로 배워서 이곳에 왔다.

나에게 수영장은 익숙함과 낯선 곳의 경계를 허무는, 영역 표시의 장소 같은 곳이었다. 강아지들이 장소를 옮길 때마다 마크를 하듯이 나는 수영장을 그와 같은 용도로 이용했다. 마치 습관처럼 현재 내가 어디에 있고, 나도 감지하기 어려운 내 마음 상태를 알아보기 위해, 또 객관화하기 위해 수영장이라는 환경을 이용했다. 어느 나라에서 하루를 지내더라도 과도한 설렘은 금지다. 기회가 주어질 때 누릴 수 있는 특권임을 알기에, 영원하지 않다는 것을 알기에, 아쉬움을 안고 파티를 즐기는 신데렐라와도 같은 생활이었다.

나는 비행이 끝나고 호텔에 도착하면 여행 가방을 풀 듯 몸의 긴장과 스트레스를 수영장에서 풀었다. 물의 부드러운 부력은 편안함을 주었고, 수영장의 트랙은 내가 나아가야 할 방향과 의지를 다지게 해주었다. 또한 이국적인 낯선 곳에서의 긴장감은 신선한 안정감으로 전환되었다.

나는 3년 후 두바이를 떠났다. 그리고 다시 34살에 두바이로 왔을 때의 숙소는 공항과 가까웠다. 오래되었지만 아주 큰 빌라였다. 알가후드 숙소의 수영장은 트랙이 없이 둥글고 굉장히 넓은 하늘 같았다. 외국으로 다시 나오게 된 공허한 내 마음처럼. 거기에 사막의 태양은 뜨겁고 적막했다. 수영이 곧 명상이 될 지경이었다. 나는 두바이와 두 번째 인연을 맺었고, 고요한 수영장에서 내 삶을 차분히 돌아보며 앞으로의 계획을 세웠다.


## Seoul Pools

나는 집 부근의 신촌에 있는 수영을 다니고 있다. 자칫 답답해질 수 있는 고국 생활을 슬기롭게 헤쳐나가기 위한 탈출구로 수영장을 찾았다. 한국에 정착하면 외로움 없이 모든 게 다 채워질 것만 같았는데 반대로 자유로움이 없어졌다는 느낌이 든다.

처음 수영장에 등록할 때 직원에게 6개월 등록을 하겠다고 했더니 그가 1년을 권유했다. 나는 외국에 곧 나갈지도 모르니 장기간은 어렵다고 했다.

순간 전쟁 중도 아닌데 항상 나갈 준비를 하고 있는 나 자신이 우스웠지만, 그래도 내가 6개월만 등록하겠다고 했더니, "1년 안에 설마 외국 나갈 일이 있겠어요? 그냥 1년 등록 하세요."라고 직원이 말했다.
'아~ 이 아저씨, 정말 날 모르네!'
지금은 꿈속에나 나올 법한 외국 어느 멋진 수영장에서의 시간들을 그리워하기보다는 더 신나는 미래를 차곡차곡 쌓아가고 있다. 그동안 하고 싶었던 것들에 도전하고 배우며 즐겁게 살아가려고 노력 중이다. 지나온 모든 수영장이 다 기억난 김에 내일부터 치열한 수영을 하러 가야겠다.

## 6. 내 인생의 그 곳, 가장 특별했던 여행지

**Q** 가장 인상 깊었던 여행지를 이야기해 주세요.
- Could you tell me your oversea trip?
- Have you felt culture shock or difference?
- What did you learn from the travelling?
- Where is the best place to travel abroad?

### Tip

나의 매력 발산 타임이다. 글로벌한 마인드와 열린 생각을 가진 사람임을 이야기하자. 늘 배우려는 자세와 국제화된 사람임을 여행 경험을 통해 전달하는 것이 좋다.

# 영어 면접, 나라면 이렇게 답변한다 /
# Job Interview Scripts

### ① 주제

For me, travel is a way to learn about world history and experience new cultures in every country I visit. For this reason, Copenhagen is one of my favorite cities.

### ② 경험을 통한 예시

Each time I fly to Copenhagen as a flight attendant, I am given a layover of 24 hours. I love using this time to explore the many museums and art galleries in Denmark. One of the best is the Louisiana Museum of Modern Art, just a 30-minute train ride from the center of Copenhagen. The museum has a world-class collection of modern art and exhibitions, as well as works by Henry Moore. Spending time viewing these amazing works always gives me new energy and a profound sense of satisfaction with my life. I often get to visit more than five European art galleries every month. As I learn more about great artists and share more of my life with them in museums and galleries, I feel I understand myself and my own potential better. This is one reason why my job is so inspiring - I'm always learning and growing, broadening my view of the world, and living a dynamic and rewarding life that I know will provide me with incredible memories.

③ 결론(느낀 점)

Thanks to these experiences, I've been able to provide even better service to our passengers and develop stronger bonds with my colleagues. I've become stronger and more independent. I'm able to adapt quickly to new circumstances, and I feel I better understand international cultures and the lifestyles of people around the world. Most of all, the joy and vitality that I gain from my adventures transfers to my work as a crew member. My first trip to Copenhagen remains one of my happiest memories as a flight attendant - and I've now visited the city 37 times! I feel so lucky to have this job and to enjoy all the amazing opportunities that come with it.

# 세라의
# 비행 스토리 4

**다시 만난 희망의 코펜하겐**

덴마크 코펜하겐 비행만 37번이나 했다. '내가 사랑하는 CPH(Copenhagen의 공항, 3 Letter Code)' 레이오버(Lay Over: 비행 중에 현지에 체류하는 시간)다. 주어진 시간은 24시간뿐. 그래서 내가 이 도시를 사랑하는 방법은 자주 보고, 또 보고, 다시 찾아가는 것이다. 누구를 사랑하고 그리워하는데 만남의 횟수를 세는 일이 소용없듯이.

놀랍고 멋진 것으로 가득 찬 세상을 볼 수 있었던 건 승무원이기에 가능했던 것이다. 아무리 같은 나라를 여러 번 가도 그곳은 다시 돌아올 나를 기다렸다는 듯 늘 사랑스럽고 설레는 모습이었다. 그래서 계속 보고 싶다는 것은 사랑이다.

북유럽의 4계절을 다 보았는데 지난 번 겨울에 왔을 때는 성숙한 흰빛의 회색 풍경이었고, 봄에 다시 와보니 공기가 차가우면서도 시원했다. 승무원 생활을 하면서 다양한 계절의 변화를 통해 좋아하는 나라에서 풍성한 감성을 배웠다.

    나는 중앙역에서 30분 정도 기차를 타고 코펜하겐 북쪽에 있는 세상에서 가장 아름다운 나의 루이지애나 미술관으로 간다. 코펜하겐에 오면 꼭 하게 되는 의식과도 같은 것이다. 루이지애나 미술관은 세계적인 수준의 현대미술 컬렉션과, 전시와, 헨리 무어의 작품이 있는 넓은 정원이 예술이다. 이곳에 오면 무엇이든 잘 될 것 같은 희망에 부푼 에너지를 받고 돌아간다.

    승무원이 된 후 외국의 미술관을 마음껏 드나들 수 있었다. 처음엔 미술 전공자답게 지적인 보람과 만족감으로 의무처럼 찾았다. 작품 설명을 듣고 작가에 대해 알아갈수록 나의 삶을 미술관의 예술가들과 공유하며 나를 인정해 갔다. 비행이 아무리 힘들어도 멋진 그림들을 미술관에 맡겨두고 보러 가는 재미가 있었다. 한 달에 5개 이상의 유럽 미술관을 볼 수 있으니 나에겐 아주 큰 기쁨이었다. 지구 몇 바퀴를 돌아도 지치지 않을 수 있었던 이유다.

    내가 미술관을 좋아하는 이유는 그림을 통한 예술가들의 인생 스토리를 알 수 있었기 때문이다. 거기서 나 자신을 비추어보며 본질적인 나를 찾고 싶었다. 작가의 연대기는 마치 소설 같다. 그들의 독특하고 평범하지 않은 인생에서 느껴지는 동질감, 그들의 이야기에서 가슴이 철렁 내려앉는 듯한 위안을 받는다. 중세 미술을 보면 마치 그 시대로 들어가는 느낌이다. 일상에서도 여행을 하고, 꿈에서는 비행을 하는 것 같았다.

    꿈과 함께 탑승한 비행기는 나를 미술관으로 데려다 주었다. 그곳에서 수백 년 동안 사랑받은 작품을 통해 클래식한 품위와 가치를 배울 수 있었다. 살아있는 세계 미술사 공부였다. 언젠가 항공사를 퇴사하면 도예가가 되어 원하는 작품 세계를 펼치며 작가로 살고 싶었다. 비행 승무원이라는 직업 덕분에 도예 작업을 할 때 많은 영감을 받았다. 세계관도 넓어져서 내 삶 곳곳 어디엔가 녹아 지금도 날 지켜주고 있다.

레이오버(Lay Over)는 이 직업의 최고 장점이다. 도착지에서 하루이틀 체류하며 돈을 받으면서 하는 여행이다. 현지 체류비도 준다. 호텔도 제공된다. 승객들을 안전하고 친절하게 데려다준 선물이다. 값을 매길 수 없는 소중한 추억을 주는 직장을 통해 몇 십 배의 선물을 받은 느낌이다.

도착한 나라마다 밤과 낮이 다르므로 생채 리듬과 상관없이 어두워지면 자는 시간이다. 아침이 오면 호텔에서 제공하는 뷔페를 챙겨 먹고, 미술관이 오픈하는 시간에 맞춰서 호텔을 나온다. 미술관 가는 길에 우연히 만나는 카페와 관광지들과 기념품 쇼핑은 비행 여정을 더욱 짜릿하고 기대감에 팔짝 뛰게 했다.

낯선 외국에 적응할 때 긴장감을 놓을 수는 없다. 주어진 시간이 짧고 소중하기에 시계를 보며 초를 다툰다. 다리에 모터를 단 것처럼 걸음이 빨라진다. 현지에서의 즐거웠던 시간을 뒤로 하고 신데렐라는 곧 숙소로 돌아와야 한다. 눈과 기억으로도 모자라 수백 장의 사진을 가득 찍고 간다.

두바이로 돌아갈 시간이 다 되어 간다. 눈을 질끈 감고 고개를 돌려 다시 빠른 걸음으로 관광을 마치고 호텔로 돌아온다. 돌아오는 길에 도자기를 파는 가게에 나란히 진열된 예쁜 색깔의 도자기를 발견하면 사지 않고는 배길 수 없다. 몸은 가게를 나오지만, 내 마음은 그곳을 미처 빠져나오지 못하고 가게에 머무른다. 나는 데려오지 못한 예쁜 도자기들을 다음에 찾으러 오겠다는 이유를 코펜하겐에 남긴다.

비행 2~3시간 전에 웨이크 업 콜이 호텔방에 울린다. 그 전화는 반드시 받아야 한다. 전화는 2번이 오는데 그 중 한번은 꼭 받아야 비행 출석이 된다. 못 받으면 비행을 하지 않겠다는 뜻으로 간주된다. 웨이크 업 콜은 비행 준비가 되었냐는 확인 전화다. 아쉬움과 그리움의 감정들이 복잡하게 교차되는 가운데 빨간 립스틱과 진한 화장 뒤에 감정을 감춘다.

머리를 프렌치 업스타일로 싸악 틀어 올리면 군기가 바짝 든다. 유니폼을 입고 구두를 신는 순간 나는 베테랑 승무원으로 변신한다. 호텔 방문을 나올 때 내가 머물렀던 방의 사진을 찍고 마지막으로 핸드백을 든다. 그리고 도자기 그릇과 식료품 쇼핑으로 무거운 돌돌이 가방과 캐리어(suit case)를 질질 끌고 나온다. 호텔 체크아웃 후, 흩어졌던 크루들을 다시 만나니 반갑다. 하루가 끝나가는 안도감, 이제 두바이 집으로 돌아가는 기쁨, 내가 다시 덴마크에 오게 될 기대감을 피부 깊숙이 느낀다. 행복한 기운이 몸 전체를 적신다.

짜릿한 80일간의 세계 일주 주인공이 된 하루의 레이 오버. 이 매력 넘치는 비행을 그만 둘 수 없었고, 그만 두고 나서도 자꾸만 생각이 난다.

난 유난히 코펜하겐 비행에서 에너지가 넘쳤다. 나의 기쁨과 생기가 승객과 동료들에게 충만하게 전달되었고, 비행기에 오른 모든 사람들이 사랑스러워 보였다. 인어공주가 물거품이 되어 덴마크 공기 중에 떠다니는지 숨을 깊이 한 번 들이마신다. 그리고 나의 숨결을 남기고 다시 돌아올 코펜하겐을 떠난다. 퇴적물처럼 겹겹이 쌓인 두꺼운 추억을 가슴에 안고 바람을 따라 두바이로 향한다.

누군가 당신은 '그 곳'을 가졌냐고 물어본다면 난 내 마음을 반쯤 두고 온 코펜하겐이라고 말할 것이다.

# 7. 나를 살리는 독서와 자기계발

**Q 최근에 읽은 책이 있나요?**
- What is your favorite book?
- What kind of books do you like?
- Have you read any books recently?
- Do you have an impressive book?

**Tip**

책과 관련된 질문에는 감명 깊게 읽은 책을 소개하면 된다. 주의할 점은 질문에 대한 답을 거짓으로 하거나 최근에 읽은 책이 없다고 하는 것이다. 자주 읽는 책이나 최근에 읽은 책에 대해 한 가지도 대답을 못하면 자기계발에 흥미가 없는 사람 취급을 받는다.

# 영어 면접, 나라면 이렇게 답변한다 /
# Job Interview Scripts

### ① 주제

    I am very interested in culture so I enjoy reading a wide range of diverse novels and essays. Each one has influenced me as a person and lead to my growth in some way. All of the books I have read have had an impact on me, be it large or small. I recently read Leo Rio's picture book, "Fredric" on a plane.

### ② 예시와 설명

    The titular character, Frederic, uses the power of art to recall happy experiences which helps him overcome his sadness during times of hardship. As spring dwindles, he tries to remember to take joy in being full and happy while he eats his food even as he knows his stock is running low and he will soon be hungry. One of my favorite lines from the book is, "Everyone is happy, for the hope of spring is comforting". This line speaks to me personally as I believe it's important to persevere through adversity by focusing on what lies ahead. Like the characters in the novels I read, I am a person with a dream who adapts to reality and inspires people during difficult situations. I am always positive and committed to doing the most that I can do in the midst of what is sometimes a grim or nerve-wracking reality.

③ 결론과 마무리

　　Believe I can get through anything as long as I stay positive, and act as a leader to those in need of direction. I want to be an influential flight attendant who makes people feel confident and secure during long haul flights. This book, along with many others have inspired me to never compromise in my endeavors.

　　Reading a book allows me to indirectly experience worlds I could have never dreamed of, all from the tips of my fingers.

# 세라의
# 독서 스토리

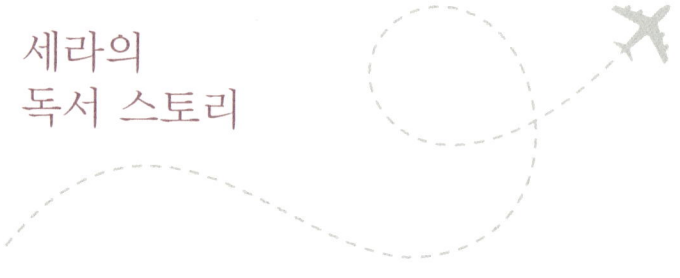

### 비밀 벙커에서 만난 프레드릭

레오 리오니의 그림책 '프레드릭'을 비행기에서 읽었다. 주인공인 들쥐 프레드릭에게는 예술이란 행복한 경험의 기억을 불러일으키고 고난을 극복할 수 있는 힘이다. 프레드릭은 삶에서 필요한 예술의 기능을 이야기한다. 친구들이 겨울 식량을 모을 동안 햇살을 모으고 잿빛 겨울아 오면 따뜻한 햇살을 느끼게 한다. 그리고 상상의 색깔로 마음의 그림을 본다.

겨울이 오자 들쥐들은 모아둔 식량을 먹으며 배부르고 즐거웠지만, 식량이 떨어지자 기운을 잃어간다. 이 때 주인공은 '하늘에 사는 들쥐 네 마리, 너희들과 나 같은 들쥐 네 마리'라며 시를 선물한다. 모두들 행복해진다. 따뜻함도 추위도, 밝음도 어두움도 누구에게나 찾아오며 곧 봄이 올 거라는 희망의 위로를 한다.

뉴욕까지의 비행은 14시간이다. 비행기 안에서 승객들은 하늘에 두둥실 떠 있는 채로 잠을 자며 뉴욕을 기다린다. 비행기가 밤하늘을 고요히 달리는 동안 하늘의 별들이 반짝반짝 깨어 길을 안내하듯 비춰준다. 중력을 거슬러 일하다 보면 체력의 한계가 온다. 수많은 사람들 속에서 고단한 나에게 유일한 휴식을 제공하는 장소로 간다.

## 벙커

비행기에는 승무원들이 쉴 수 있는 비밀 공간이 있다. 바로 벙커(Bunker)다.

어둠 속으로 들어가는 비밀 입구는 비행기 화장실 문과 유사하다. 비밀번호가 있어 승객들은 들어올 수 없다. 가끔 화장실인줄 알고 줄을 서서 기다리기도 한다.

생수 한 병을 들고 사다리를 잡고 올라간다. 입구에는 담요와 베개가 있다. 그것들을 챙겨 몸을 반으로 접어 등을 동그랗게 말고 들어간다. 복도는 사람 한명이 다닐 수 있는 50cm 정도의 폭이다. 통로 양쪽에 얇은 커튼으로 사적인 공간이 구분되어 있다. 비상시 탈출을 위해 분리가 쉬운 칸막이로 나뉘어져 있다.

이곳은 카메라 암실과도 같은 공간이다. 어두움에 적응하느라 동공이 확장되고 심장이 두근거린다. 텅 빈 어둠 가운데 천장을 바라보며 공기구멍에서 나오는 에어컨 바람에 얼굴을 대고 숨을 쉬어 본다. 산소 통로 같다. 이제 쪽잠을 잘 준비를 한다. 파자마로 갈아입을 때는 머리를 다리 사이에 넣는 '블랙 마술 상자'가 연상된다. 깜깜한 좁은 공간 속에서 묘기를 부리듯 이리저리 움직이다 보면 체인지 완료. 클렌징 티슈로 메이크업을 간단히 지우고 몇 시간이라도 피부를 쉬게 한다. 몸 하나 눕힐 수 있는 공간에서 할 건 다 한다. 몸을 뉘이고 엎드려서 배를 장시간 탈 때처럼 침대 바닥에 배를 납작하게 붙여 본다. 옆으로 누워도 보고 무릎을 세웠다 폈다 여러 가지 자세 중에 가장 포근한 자세를 찾아본다.

안전띠를 가로로 두르고 있으면 갇혀 있는 느낌이 든다. 눈을 뜨면 주황색 안전벨트 불빛의 사인이 깜박이며 규칙적인 사인이 울린다. 비행기의 미세한 흔들림이 몸 전체에 퍼진다. 몸속 내장까지 진동이 온다. 칸막이 사이로 동료들의 숨소리, 움직이는 소리가 귀 속을 파고들듯이 신경을 자극한다. 어둠속에서는 저절로 몸 컨디션, 특히 소리에 민감해진다. 일상에서는 마음에 중심을 두는데, 그 정도로 긴장하면서 비행을 한다는 것이다.

자려고 해도 잠이 오지 않으면 미세한 빛 속에서 더듬거리며 독서등(Reading Light)을 켠다. 고시원의 밤 같은 이 고요한 공간에 촛불 같은 등을 켜고 가져온 책에서 '프레드릭'을 만난다. 아무것도 할 수 없는 상황 속에서 따뜻한 햇살을 상상하며 긍정적으로 겨울을 견디는 장면이다.

벙커 안은 세상 끝 어딘가의 우주처럼 깜깜하고 춥다. 기내의 쾌적함과 산소량을 위해 약간 낮은 온도를 유지하기 때문이다. 그래서 승무원들은 고무로 된 의료용 핫팩을 가지고 다닌다.

나는 칸막이 쪽으로 몸을 밀착시키고 그 따뜻한 것을 껴안고 웅크린다. 문득 뜻밖의 감정이 밀려온다. 꼼짝도 할 수 없는 외로움이다. 잠들기 전까지의 시간 동안 어둠속에서 적적함과 두려움이 다양한 감정을 드러낸다.

이 조그만 공간에서 나 자신의 어둠과 직면한다. 손전등으로 나 자신을 깊숙이 비추듯 침착한 자신으로 돌아오곤 한다. 도착지의 여행 일정을 짜기도 하고, 그리운 가족을 생각하거나 미래의 계획을 구상하며 지혜로운 결정에 이르다 지쳐 잠에 든다.

'자야하는데자야하는데자야하….'

하늘에 두둥실 떠가는 돛단배가 깊은 바다로 가라앉듯이 몸이 노곤해진다. 벙커 위로 승객들의 발자국 소리와 분주한 승무원들의 움직이는 소리가 점점 멀어지고 난 어느새 잠이 든다.

얼마의 시간이 지났는지 벙커 안의 카펫 위로 나를 깨우러 오는 소리가 들린다. 동료들의 수면을 위해 조심스레 발뒤꿈치를 들고 걸어오려고 애쓰는 그 소리가 내게는 코끼리 걸음처럼 들린다. 커튼 바깥에 걸어둔 명찰을 보고 나를 찾을 것이다. 술래잡기를 하듯 숨어 있다가 들킨 느낌이다. 이제 일하러 나오라는 동료가 야속하게 느껴진다. 나도 안다고.

겨울을 견딘 애벌레가 허물을 벗듯이 파자마에서 빠져나온다. 요가로 살짝 몸을 푼다. 유니폼으로 갈아입고 나비가 되어 벙커를 나온다. 기내는 햇빛으로 눈부신 낮이다. 드디어 목적지인 뉴욕에 도착한다는 기장님의 반가운 방송이 나온다. 창문으로 뉴욕 시티를 내다보니 따뜻한 카페라테 한잔이 간절하게 생각난다. 도착하면 손에 커피를 들고 센트럴 파크에서 일광욕을 하며 산책하고 싶다.

그 책의 결말에서 들쥐 친구들은 주인공에게 시인이라며 칭찬한다. 꿈을 가진 이들은 어려운 상황에도 현실에 적응을 하며 사람들에게 영향력을 준다. 이상과 현실의 괴리감 속에서도 언제나 긍정적이며 내가 할 수 있는 것에 충실할 것이다.

'지금 나는 중요한 일을 하고 있다. 내 꿈을 위해 준비 중인 지금은 겨울이지만 언젠가 햇살이 비추는 봄날이 온다.'

나도 사람들에게 지루한 긴 비행 동안 밝고 따뜻함을 느끼게 하는 영향력 있는 승무원이 되고 싶었다. 나만의 비밀 공간에서 프레드릭과 함께 나를 찾아가는 여행이었다.

신개념 영어 면접 B·E·S·T 방법의 공부 목표는 외항사 면접관과 일상 관련 주제로 실용 영어를 사용하며, 나의 생각을 자연스럽고 막힘없이 표현할 수 있는, 대화가 가능한 수준이다. 유럽 연합 공통 외국어 등급 기준인 CFER의 언어 평가 기준표의 B2 단계라고 한다.

외국인 동료와 근무하는데 지장이 없을 정도의 수준으로 목표를 설정한다. 불가능한 네이티브 수준을 만들어 놓으면 좌절하여 시작도 하지 못한다.

발음은 정확하고 유창하게 연습하되 한국인 악센트가 섞여 있더라도 하고 싶은 표현을 충분히 하는 것이 중요하다.

# Part 02 전지적 면접관 시점에서 본 **면접 Tip**

세라의 비행접시 2: Nal Go 굽다

# 1. 신개념 영어 면접 BEST 방법

　외국 항공사 지원자들의 영어 수준이 높아졌다. 영어를 사용할 기회가 많아지니 다양한 학습법과 동시에 지원자들의 고민도 늘어간다. 면접에서 월등하게 잘해야만 합격하기 때문이다. 해외여행을 가서 외국인들과 대화하는 것은 즐겁지만, 취업을 위한 면접에서 상황에 맞춰 Speech 해야 하는 격식을 갖춘 영어는 부담스럽다.
　그렇다면 어떻게 해야 면접관의 질문에 떨지 않고 자연스럽게 영어로 이야기할 수 있을까? 지금부터 영어 면접에서 합격한 나만의 방법, 실전에 효과적으로 대비할 수 있는 비법을 소개해 보겠다.

    이것은 외국 항공사에서 3전 3승을 거둔 나만의 영어 면접 BEST 방법이다.

    BEST는 Brainstorming, English, Storytelling, Test의 4단계 약자이다. 브레인스토밍을 통해 내용을 구성하고 영작하여 스토리텔링으로 생각의 시각화가 이루어져 답변이 완성된다.

    면접 답변에서 예시로 들기에 알맞은 경험담을 선택하여 글로 정리해본다. 나의 경험을 더 많이 알아내려는 시도이다. '질문의 의도를 파악하여 논리적으로 설명할 수 있는가?'는 커뮤니케이션 능력의 중요한 포인트이다.

## 외국 항공사 면접에 합격하기 위한 영어 수준 목표

신개념 영어 면접 B·E·S·T 방법의 공부 목표는 외항사 면접관과 일상 관련 주제로 실용 영어를 사용하며, 나의 생각을 자연스럽고 막힘없이 표현할 수 있는, 대화가 가능한 수준이다. 유럽 연합 공통 외국어 등급 기준인 CFER의 언어 평가 기준표의 B2 단계라고 한다.

외국인 동료와 근무하는데 지장이 없을 정도의 수준으로 목표를 설정한다.

발음은 정확하고 유창하게 연습하되 한국인 악센트가 섞여 있더라도 하고 싶은 표현을 충분히 하는 것이 중요하다.

머리와 심장에 지식과 경험을 영어로 말하는 습관화된 전략이 필요하다.

'브레인스토밍, 단문 키워드 영작, 스토리텔링, 말하면서 외우기', 이것이 영어를 잘할 수 있는 가장 현실적인 방법이며, 외국 항공사 면접에서 합격하는 수준에 이르렀던 나의 방법이다.

### Step 1. 브레인스토밍(Brainstorming)

요즘 다양한 장르의 TV 프로그램 중에서 브레인스토밍이 가장 잘 표현되고 있는 것은 예능 프로그램이라 할 수 있다. 거기에 등장하는 상상을 초월하는 기발한 아이디어가 사람들에게 웃음과 감동의 메시지를 전달한다. 이들과 같은 방식의 브레인스토밍이 숙달되면 면접관의 갑작스러운 질문에도 빠른 판단력과 순발력이 발휘되어 현명한 답을 할 수 있게 된다.

1단계는 답변, 예시, 결론의 삼단 구조다. 답변의 주제가 앞에 나오는 두괄식으로, 면접관이 듣고 싶은 답변을 처음에 말하도록 한다. 그것이 상대가 답변 내용을 이해하기에 효과적이다. 다음으로 답변에 어울리는 예시를 생각해 본다. 결론은 깨달음과 교훈으로 마무리한다.

면접을 준비할 때, 생각의 전개는 모국어로 하는 것이 논리적이다. 모국어로 표현하기 어려우면 영어로도 말하기 어렵다. 이력서를 중심으로 내 삶의 과정을 돌이켜 보면 다양한 경험담을 찾을 수 있다. 도전과 모험을 시도했던 가슴 벅찬 경험이 있는가? 누군가를 행복하게 해준 뿌듯한 감동의 순간이 있는가? 스스로에게 질문을 해보면 내가 어떻게 회사와 세상에 영향을 미칠 수 있는지 재정립할 수 있다. 나다움이 정답이다. 취업의 스트레스와 면접에 대한 압박으로 정답 속에 나를 맞추지 않아도 된다. 소극적인 태도로 움츠리지 말고 나의 색깔을 펼쳐보자.

기출 문제에 대한 답변을 생각할 때 우선 마인드맵을 이용해 본다. 나만의 이야기를 구체적으로 찾는 훈련을 통해 소중한 깨달음을 얻을 수 있다.

## 만다라트를 활용한 브레인스토밍

면접 준비 노트에다 질문에 대해 연상되는 키워드를 모두 적어본다. 그 중 9개의 칸에 답변에서 말하고자 하는 자신의 생각과 경험을 가장 적절하게 표현한 단어를 고른다. 말할 소재를 선택하고 키워드가 정해지면 다시 세분화한다.

나만의 경험으로 예시를 만들 때 질문과 내 삶의 재료를 연결하면 준비된 답변이 된다.

| 팀 웍 | 이미지 | 체력 |
|---|---|---|
| 해외경험 | 승무원의 자질 | 오픈 마인드 |
| 외국어 | 서비스 스킬 | 순발력 |

승무원의 자질

| 영 어 | Writing | 스몰 토크 |
|---|---|---|
| 자신감 | 외국어 | 의사소통 능력 |
| 순발력 | 해외경험 | 스토리 텔링 |

외국어 능력

| 해외경험 | 영 어 |
|---|---|
| 의사소통 능력 | 자신감 |

4개 선택

```
      의사
    소통 능력
   영어 해외경험
    자 신 감
```

3단 논리 구성

〈세라의 만다라트를 활용한 브레인 스토밍〉

### Step 2. 영작하기(English Writing)

　2단계에서는 1단계에서 했던 브레인스토밍 내용을 핵심 있게 단문으로 영작한다. 영작하기에서는 이야기의 흐름을 3단 논리에 맞춰 간결하게 스케치하는 단계가 먼저 이루어져야 한다.
　예를 들어 4개의 키워드로 6개의 문장을 만든다면, 주제 1문장, 예시 3문장, 결론 2문장으로, 마침표가 총 6개인 문장으로 만들어 본다.
　논리적인 구성이 맞으면 요점을 놓치지 않게 되며, 구구절절 두서없이 길어지지 않는다. 면접 답변을 영어로 만들 때 중요한 것은 반증할 예시를 질문과 관련된 내 경험에서 찾아야 한다는 것이다. 여기서는 문법에 맞는 영작 실력이 필요하다. 적절한 고급 어휘를 사용하여 영어 표현력을 높이자. 반복된 구문과 틀에 박힌 구조를 벗어나 다양한 구조의 문장을 연습해 본다.

### Step 3. 스토리텔링(Storytelling)

　3단계 스토리텔링은 면접관의 마음을 1분 안에 유혹하는 글쓰기다.
　'내 삶에서 논리적으로 증명할 수 없는 것들은 이야기로 풀어야 한다'는 것처럼, 그때의 경험이 내게 어떤 의미를 주었는지 표현하면 된다. 타당성과 적합성을 높이려면 논리적인 스토리텔링 구성이 필요하다. 나만의 멋진 이야기를 전략적으로 구사해야 합격의 가능성이 높다.
　2단계에서는 단문으로 쓴 문장을 접속사와 관계 대명사를 사용하여 문법에 맞게 연결한다. 그리고 경험담을 예시로 넣는다. 여기서 나는 첨삭과 교정을 한다.

첨삭과 교정에서는 의미를 더욱 잘 나타낼 수 있는 효과적인 단어를 찾는 것이 중요하다. 뜻이 애매하고 어려운 단어가 있으면 기억하기 쉽고 입에 잘 붙는 단어로 바꾼다. 스스로가 면접관의 입장에서 서론과 결론을 확실히 하면 본론에 들어간 예시가 적절한지 검토할 수 있다.

스토리텔링에서 중요한 것은 주제와 예시를 한 그릇에 담는 것이다. 긴장된 모습으로 외운 티가 나는 틀에 박힌 대답보다는 면접관들의 눈과 귀를 환기시켜 줄 박하사탕 같은 인상을 남기자.

그러자면 결론에 특별한 메시지를 넣는 것이 좋다. 경험에 대한 깨달음은 나만의 특별함이다.

처음 영어 면접을 준비하는 사람들은 모두 정말 하고 싶은 말의 온전한 의미 전달이 어렵다고 토로한다. 영어 실력은 키우면 되지만, 이야기의 적절한 소재를 찾아내는 것이 더 어렵다. 재밌고 특별한 경험도 없는 것 같고, 예시가 바른 건지 자기 확신이 없다. 그래서 나는 지원자들의 모든 일상, 사람, 사물에서 영감을 받도록 내 이야기를 앞에서 스토리텔링으로 풀었다. 사실 내용이 좋으면 좋은 답변이 된다. 언변이 아니라 진심이 필요한 것이다.

제한된 단어와 늘 쓰던 방식의 영어 문장을 반복해서 사용하면 영작 실력은 늘지 않는다. 다음 4단계를 이용하면 실력이 향상될 수 있다.

## Step 4. 영어 답변 소리 내어 읽고 외우기(Test)

### Test 단계의 중요성

4단계에서는 완성된 스토리텔링 답변을 소리 내어 읽고 외워서 적어본다. 그러면 매끄럽지 않은 부분을 들으면서 찾아낼 수 있다. 손으로 써보는 것과 말로 하는 것은 다르다. 우리의 이야기를 듣는 사람은 면접관이기 때문에 면접관의 입장이 되어 스스로 들어보고 실수를 바로잡아야 한다.

그러므로 Test 단계를 통해서는 객관적인 평가를 하는 훈련을 할 수 있다. 영어 원서 낭독이 발음과 문법을 익히는 좋은 방법이 되듯이 내가 작성한 답변을 지속적으로 읽고 연습하면 영어 스피치가 향상된다. 4단계는 면접관 앞에서 말하는 것에 익숙해지기 위한 단순하지만 강력한 비법이다.

영어 공부의 목표와 계획을 세울 때, 가장 중요한 것은 귀찮다는 생각을 버리고 처음엔 어려워도 일단 하는 것이다. 변명의 여지를 없애고, 짧은 문장으로 영작에 흥미를 붙이면 긴 문장도 어렵지 않게 된다.

영어 면접 4단계는 철벽 준비다. 실전 연습을 통해 완성도를 높이는 방법이다. 지속적으로 연습하면 흥미나 자신감이 생긴다. 준비가 실력이 되어 면접을 잘 볼 수 있는 원리를 터득하게 된다.
혹시 면접에서 자꾸 떨어진다면 개선이나 변화가 필요하다. 과거의 준비 방법을 바꾸어 혁신을 할 필요가 있다는 것이다.

나는 외국 항공사 면접에 합격만 하면 인생이 바뀔 것이라는 것을 믿고 이 방법으로 영어 답변 암기에 에너지를 쏟아 부었다.

영어는 머리와 눈으로 하는 것이 아니다. 입으로 말해야 한다. 답변을 외울 때까지 수없이 반복하여 문장을 암기함으로서 숙달이 되어 있어야 면접장에서 당황하지 않고 말이 나온다. 의사소통을 위해 꼭 익혀야 하는, 면접에 필요한 영어를 중심으로 익히자.
영어가 늘지 않는다면 그건 영어 문장을 입으로 소리 내어 확실하게 암기하지 않아서이다.

자신이 얼마만큼 준비가 되었는지 정확한 피드백을 받아봐야 하는 이유가 바로 여기에 있다. 영어 문장을 암기하긴 했는데 기억이 나지 않는다거나, 면접장에 가면 할 수 있을 것이라는 막연함 긍정은 결코 도움이 되지 않는다. 될 대로 되라는 생각과 점검을 하지 않는 것은 잠결에 비몽사몽 공부해서 시험 당일 답을 몰라 황당한 경우와 같다.

아는 것과 할 수 있는 것은 다르다. 그동안 영어 공부를 해왔다면 기본적인 영어 회화는 물론 보고 읽을 줄도 안다. 실제로 면접장에서 연습 없이도 프리토킹을 해보겠다는 막연함보다는 모의 면접을 통해 피드백을 받고 확인해야 한다. 그럴 수 없다면 같이 면접을 준비하는 친구나 동료에게 부탁하여 자가 피드백을 하고 면접에 임하는 것이 실전 감각을 유지하는 방법이다.

이 방법을 계속 하면 자신의 영어가 인터뷰 수준까지 올라가고 있다는 것을 스스로도 느낄 수 있다.
외국 항공사 면접에 합격하려면 영어가 두려움이 대상이 아니라, 나를 표현하는 도구가 되어야 한다. 암기식의 영어로 운 좋게 합격한다고 해도 120개국의 다양한 외국 사람들과 일하고 소통해야 하기에 어려움이 클 것이다.

세계적인 항공사에서 근무하게 되면 일상이 어학연수가 되므로 외국어 실력이 느는 것은 확실하다.

사랑 고백에는 힘이 있다. 우리는 꿈과 짝사랑에 빠져 있다. 면접을 두려워하지 말고 꿈을 성취하는 기회의 자리에서 열정을 고백하자. 그동안 열심히 살아온 나의 인생을 진심으로 사랑하듯 말하면 된다. 누구나 진짜를 갖고 싶어 하기 때문이다.

이 책의 내용들은 외국 항공사 입사를 준비하던 20대부터 30대까지의 신입, 이직, 경력직을 거치며 내 이야기를 답변으로 만든 'BEST 노트'이다.

면접에서 면접관의 질문은 모두 나에 대한 것이다. 그러므로 대답은 이미 내 안에 있다. 해답을 찾아내고(Brainstorming), 영작한 후(English), 이야기로 풀어(Storytelling) 실전 연습(Test)을 하고, 반복적으로 훈련한다면 빠르고 효과적인 영어 면접 준비가 된다.

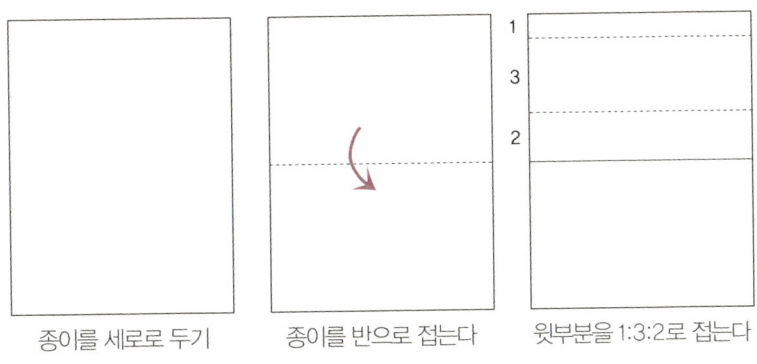

종이를 세로로 두기    종이를 반으로 접는다    윗부분을 1:3:2로 접는다

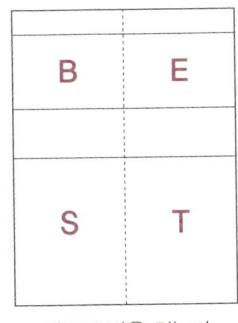
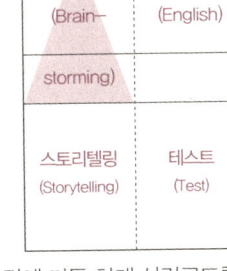

세로로 반을 접는다    첫 번째 칸에 가득 차게 삼각구도를 그린다

〈 세라의 신개념 영어 면접 B.E.S.T 노트 〉

예시 샘플은 Part 1의 '영어 면접, 나라면 이렇게 답변한다/Job Interview Scripts'를 참고하기 바란다.

## 2. 스몰 토크는 왜 중요할까?

**스몰 토크(Small Talk)**

　스몰 토크란 가벼운 대화를 뜻하며, 일상적인 이야기나 사소한 이야기를 나누는 것이다.

　특히 누군가와 처음 만나는 자리에서는 스몰 토크를 통해 관계를 친밀하게 형성하는 것이 매우 중요하다.

　스몰 토크는 어색한 분위기를 누그러뜨리고 본격적인 대화에 앞서 긴장을 푸는 효과가 있으므로 먼저 주변 환경과 상황을 파악한 후에 가장 적절한 소재를 선택해야 한다.

　스몰 토크로 좋은 주제로는 날씨, 영화, 스포츠, 취미, 음식, 여가 생활이 있다. 민감하기 쉬운 개인의 신상에 관한 것이나 논쟁거리가 되는 정치, 종교, 문화의 단점에 대한 이야기는 가급적 피하는 것이 좋다.

일상 속에서 일어나는 소소한 이야기들은 상대와 나 사이에 놓여 있는 장애물을 제거하고 닫혀 있는 마음을 열어주는데 매우 효과적이다. 시간을 벌어주고, 상대방과 편안하게 대화를 주고받기 위해 반드시 필요한 스몰 토크를 잘만 활용하면 서로에 대한 공감대가 생긴다.

면접 스몰 토크의 목적은 내가 밝고 유쾌한 사람이란 걸 자연스럽게 대화로 알리는 것으로, 면접관과 대면한 자리에서 긴장을 풀어준다. 일상의 가벼운 일들을 소재로 한 스몰 토크는 면접관에게 호감을 줄 수 있는 중요한 잡담이다.

외국인들은 스몰 토크를 일상적으로 즐긴다. 어떤 상대를 만나든 가벼운 인사말이나 조크로 자신의 유머 감각을 뽐내며 자연스럽게 소통을 시도한다. 따라서 외국인들이 즐기는 여러 가지 유형의 스몰 토크를 미리 학습해 둔다면 면접관의 스몰 토크에 센스 있게 답할 수 있다.

〈Key Points〉
1. 간결하게 메시지 전달하기
2. 예상치 못한 질문에 센스 있는 순발력으로 답하기
3. 머릿속으로 이미지를 그릴 수 있도록 감성을 담은 스토리를 구체적으로 표현하기

# 세라의 스몰 토크

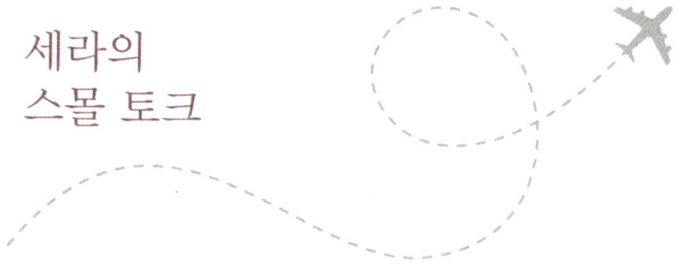

## 꿈에서 본 럭키 드레스

어느 여름 날, 레몬 색상 마 소재의 반팔 정장을 입고 면접을 봤다.
"좋아하는 색깔이 뭐예요?"
"I like Bluuue~. 저는 파랑색을 좋아합니다."
"그럼, 노란색 정장을 입은 이유가 무엇인가요?"
예상치 못한 질문으로 바로 스몰 토크가 진행됐다.

노란색을 좋아해서 입은 게 아니라, 화사함으로 주목받고 싶었다. 그러나 가볍게 던지는 첫 질문에서 순발력 있게 바로 대답하지 못해서 그동안 준비해 온 수많은 이야기를 하기도 전에 면접관과 소통이 끊어졌다. 나의 머릿속도 하얗게 되어 정신 줄이 끊어졌다.

면접은 열정만 가지고 되는 것이 아니다. 움직일 때마다 구김이 잘 가는 소재의 옷이 자꾸만 신경이 쓰이더니 그날은 작은 실수들이 반복되었다. 모든 순간이 완벽하게 착착 맞아 들어가는 느낌이 없었다. 결국 나는 그 날의 면접에 완벽하게 딱 맞아 떨어지는 옷도, 대답도 하지 못하고 있음을 직감했다.

그러나 많은 면접 경험을 통해 점차 나에게 맞는 스타일을 찾게 되었다. 어울리는 화장법과 퍼스널 컬러까지, 점차 승무원으로서 준비되어 가고 있었던 것이다.

몇 번의 시도 끝에 드디어 가장 가고 싶었던 에미레이트 항공사 채용이 시작됐다. 완벽하게 준비된 모습으로 가고 싶었다. 이번 면접은 중요하기에 나에게 어울리는 의상을 찾게 되길 바라는 마음으로 기도를 하다가 잠이 들었다. 꿈속에서 나는 붉은 톤의 원피스를 입고 있었다. 아침에 눈을 떴는데 내가 면접에서 입으면 딱 좋을 옷이었다. 잊히지가 않았다.

바로 백화점으로 갔다. 여성복 층에 도착하여 모든 오감을 곤두세웠다. 얼마 돌지 않아 나는 순간 한눈에 알아보았다. 내가 꿈에서 본 바로 그 드레스를 쇼윈도 안의 마네킹이 입고 있었다. 시선을 고정한 채 매장 안으로 직진했다.

"이거 주세요."

내가 구입한 옷은 구김이 가지 않는 스판 소재의 원피스였다. 그것도 에미레이트 항공사의 이미지 컬러인 고급스러운 붉은 벽돌색. 자신감 있는 모습을 연출할 수 있는 최고의 색이었다. 마치 꿈에서 천사가 옷을 디자인해서 보내준 듯 천의무봉(天衣無縫)이었다.

이번엔 뭔가 톱니바퀴처럼 잘 맞아 들어간다. 면접의 첫 단계인 스몰 토크를 혼자 면접관과 지원자가 되어 거울을 보며 연습했다. 나의 모습과 내가 꾸민 나의 스타일에도 책임을 질 줄 알고 나에 대해 가장 잘 아는 사람이 바로 나라는 것을 자신 있게 표현했다. 면접관이 날 좋아하지 않을까 봐 걱정하면 자신감을 나타낼 수가 없다. 패션은 자신감이라고 하지 않는가? 불안을 줄이려면 상황이 아니라 나의 노력에 대한 신념을 가져야 한다.

    에미레이트 항공사의 면접은 3차에 걸쳐 진행된다.
    현지에서 온 외국인 면접관을 대면하는 면접이 시작되었다. 면접관의 눈길이 내 원피스에 와서 머물렀다.
    "Nice dress! 그 옷은 어디서 샀나요?"
    "칭찬해 주셔서 감사합니다. 이번 채용을 위해서 오랫동안 준비해 왔습니다. 특별히 어떤 의상을 입을까 고민하던 중에 이 옷을 입은 저의 모습을 꿈에서 봤어요. 신촌에 있는 백화점에서 이 옷을 보자마자 내 럭키 드레스라는 것을 알았어요. 왠지 좋은 일이 있을 것만 같습니다."
    최종 면접에서도 스몰 토크로 옷에 대한 질문을 받았다. 편안한 질문에 기분 좋은 놀람으로 전환하여 대답했다. 다만 면접관의 관심에 감사와 칭찬으로 화기애애한 분위기로 대화를 나눈다고 해도 격식 있고 정중하게 대답해야 한다.
    면접관은 인간관계에서 중요한 배려를 평가한다. 최종까지 가게 되면 같은 면접관을 계속 보게 되므로 관계의 수준을 높여가며 친밀하게 진도가 나가도록 해야 한다. 남자 친구를 만나면 만날수록 더욱 친밀해져서 편해지듯이 말이다.

면접장에 들어서면 스포트라이트를 받아야 한다. 많은 지원자들 중에서 관심을 받는다는 것은 에너지를 나에게로 전환시키는 것이다. 합격의 비결은 결국 호감이다. 그리고 첫인상에 실망하시 않도록 기대를 충족시키는 면접을 한다면 성공이다. 그들이 나를 선택해야 한다고 생각하면 긴장하고 부담이 되지만, 나의 매력이 나를 선택하도록 할 수 있다는 역발상으로 자신감을 가져야 한다. 면접장 안에서 자신감과 실력이 만나면 내가 사랑받고 있다는 것을 알게 된다. 긍정 에너지로 말도 술술 잘 나오고 표정도 밝아진다. 마치 사랑에 빠지면 예뻐지듯이.

만약 면접관을 복도나 화장실에서 마주치면 뭐라고 할 것인가? 그냥 모른 척할 것인가? 면접 때는 상냥하더니 밖에서 만났을 때 모른 척한다면 이중적인 사람이 되어 버린다. 함께 일하고 싶은 인간미 넘치는 동료로서의 느낌이 사라지는 것이다. 이럴 때 센스 있게 스몰 토크를 활용하자.

미처 준비하지 못한 답을 해야 할 때, 엉뚱한 생각으로 급하게 대답하려 하지 말고 차분한 태도로 생각 후에 말해야 한다. 상대의 마음에 들어가야 머리와 이어지는 진심이라는 커넥션이 생긴다.

## 3. 그룹 디스커션(Group Discussion) 합격 전략

"그룹 디스커션 면접에 참여할 합격자를 발표하겠습니다."
모두 자신의 이름을 불러주길 간절히 바라고 있다.
"호명된 사람들은 이쪽으로 모여 주세요. 잠시 후 면접을 시작하겠습니다."
지원번호는 한 끗 차이이고, 종이 한 장 차이로 당락이 좌우된다. 면접에서 떨어진 사람들은 가방을 꾸려 허무하게 돌아가고, 남은 사람들은 살아남았다는 안도감과 설렘으로 다음 면접을 준비한다.
외국 항공사에서는 1차 한국인 면접을 통과하면, 2차 면접부터는 현지인 면접관과 만나게 된다. 2차 면접의 하이라이트는 그룹 디스커션이다. 에미레이트 항공사(Emirates Airlines)의 경우에는 같은 날 두 번 진행한다. 현재까지도 이 채용 방법은 외국 항공사 면접의 가장 중요한 부분이다. 면접관들은 지원자들의 토의 과정을 지켜보며 성향과 자질을 평가한다. 평가 기준은 면접관마다 달라서 반드시 결론을 내야 하는 경우도 있는 반면, 친화력을 중심으로 보기도 한다. 그룹 디스커션은 지원자들 중에서 숨겨진 보석을 발굴하는 중요한 시간이다.

# 세라의 그룹 디스커션 스토리

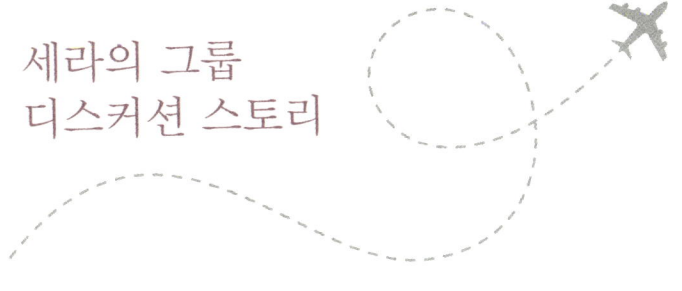

**나는 캡틴 아메리카**

　나는 30대 중반의 경력직 승무원이었기에 모범이 되어야 한다는 부담감과 여유가 있었다. 영화 'Avengers(어벤져스)'의 캡틴 아메리카를 떠올렸다. 배정받은 조원들은 어벤져스 팀이고 나는 캡틴 아메리카가 되기로 했다. 각자의 재능으로 문제를 헤쳐 나가면서도 리더의 작전을 통해 목표점에 도달하는 최고의 팀 말이다.

　첫 번째 그룹 디스커션에서는 15명의 팀원이 만들어졌다. 시작전에 면접관은 주제와 함께 규칙을 설명하는데, 이때 주의를 기울여야 한다. 여기에 합격의 열쇠가 있기 때문이다. 면접관들은 면접자가 규칙을 잘 듣고 제대로 지키는 사람인지에 대해 참여하는 태도를 보고 평가한다.

　면접관들은 매번 다른 주제를 주고 디스커션에 관여하지 않는다. 그 날의 주제는 'Choose five nationalities that you would like to live with.'로, 룸메이트를 하고 싶은 5개의 국적 정하기였다. 주제를 발표하는 순간부터 15~20분의 시간이 주어진다. 그 시간을 N분의 1로 나누면 모두 공평하게 말할 기회를 가지게 된다. 1명당 적어도 1분에서 1분 30초라는 짧은 시간이 주어지는 셈이다.

나는 우선 계획대로 초반에 주도권을 가지고 리드했다. 먼저 시작해도 되는지 동의를 구하고 주제를 다시 한 번 설명해 주었다. 혹시 제대로 이해하지 못하고 주제에서 벗어난 이야기를 하는 사람들이 있다면, 의사소통 능력이 없거나 자기주장이 강한 사람으로 보이기 때문이다. 이것은 팀의 문제이기도 하므로 처음이 중요하다.

말할 때는 팀원들과 골고루 아이콘택트(Eye Contact)를 했다. 긴장하는 지원자들을 보면 도와주고 싶었다. 내 이야기를 마무리 할 즈음 호응이 좋은 사람에게 지속적으로 시선을 주었다.

상대가 생각을 정리해서 말할 시간을 가지도록 한 다음, 나를 쳐다보면 말을 걸어주는 예능 프로그램의 사회자 '유재석'처럼 했다. 특정인을 지목하여 당황하게 만들지 않고 자연스럽게 이끌기 위한 배려다.

적극적인 반응의 표현에는 몸, 말, 눈빛이 있다. 다른 사람들의 의견을 들으며 고개를 끄덕이고 동의하는 의성어로 맞장구를 친다. 동시에 시선을 집중하여 호응하는 것이다. 자신의 의견을 직접적으로 말하지 않더라도 합격의 가능성을 높일 수 있는 방법이다.

우리 팀은 혼자만 말하려는 사람도, 한마디도 못하고 소외되는 사람도 없이 모두 즐겁게 하나가 된 분위기였다. 타임 체커(Time-Checker)가 종료 2분 전을 알리면 마무리 단계다. 이 때 눈치 없게 새로운 의견이나 반대 의견을 내기보다는 결론을 내야 한다. 그렇지 않을 경우 팀 전체에 안 좋은 결과가 나타나므로 융화되는 모습을 보이는 게 중요하다. 토의 후 면접관과 눈을 마주쳤다. 난 합격이란 직감이 들었다.

## 실제 브리핑을 위한 미션

면접 절차는 업무의 적합성을 알아보기 위한 테스트다. 항공사 승무원들은 비행 전에 브리핑(Briefing: 비행에 관한 도착지 정보, 승객 사항, 비행기 기종, 안전 보안, 비상 장비, 서비스, 불만 사례 회의)을 한다. 브리핑 시간은 그룹 디스커션을 연상하게 한다. 업무 내용에 관한 공지 사항과 필요한 정보를 전달하며 의견을 나눈다. 그리고 직급이 높은 순으로 기내에서 자신이 맡을 업무의 포지션(Position)을 정한다.

모두들 긴장하는 시간. 사무장이 비행 안전에 관한 지식을 점검한다. 주제를 정해 질문을 하면 한 명씩 의견을 발표한다. 정답을 몰라 대답을 못할 경우, 기회가 몇 번 더 주어지기는 하지만, 준비가 안 되었다고 판단이 되면 비행에 참여하지 못할 수도 있다. 결국 그룹 토의란 회사 생활을 제대로 하기 위한 리허설과 같다.

그룹 디스커션을 통과하면 승무원이 되기에 적합한 자질을 갖춘 것이다. 비행에서는 안전이 가장 중요하므로 회사는 의사 전달을 위해 자신의 생각을 분명히 전하는 사람을 선발한다.

### 면접관 시점에서 콕 집어 주는 주의사항

1. 말 한마디, 표현 방식, 듣는 태도에서 적극적인 소통과 공감을 보인다.
2. 자신의 의견은 분명히 말하고 다른 사람의 의견은 적극적으로 듣도록 한다.
3. 상대방과 의견이 다를 경우 감정적인 흥분이나 언쟁은 자제한다. 상대의 의견을 우선은 존중하고 인정해 주는 태도로 바른 의견을 내도록 돕는다.
4. 발표 과정에서 자신감이 없어 보이지 않도록 면접관이 자신을 주목하면 말을 멈추거나 하지 않는다.
5. 부적절한 용어나 주제와 맞지 않는 내용은 삼가도록 한다.

### 면접관 시점에서 관찰한 진상 면접자

1. 눈치꾼: 면접관의 눈치를 본다. 면접관이 쳐다볼 때만 미소를 짓거나 말을 한다. 면접관이 보지 않을 때는 무표정으로 일관하고 말이 없는 사람
2. 소극적인 관람객 모드: 뚱하거나 말이 없이 그룹에서 겉도는 사람
3. Just Listener: 디스커션 내내 적응을 못하고 듣기만 하는 사람

> 4. 수다쟁이: 자기 이야기만 계속하고 조원들에게 말할 기회를 주지 않는 사람
> 5. 얌체: 자신이 할 말만 생각하느라 다른 사람들의 이야기를 듣지 않고 흐름을 놓치는 사람

    면접관의 입장에서 보면 이런 사람들은 입사 후 국제 문화 속에서 적응이 어렵다고 생각한다. 영어 그룹 디스커션은 단체 속에서 개인의 성향이 분명히 잘 드러나는 심리학적인 면접 방식이다. 실제로 면접과 심리학은 연관이 있다.

    면접관이 디스커션에서 어떤 결론이 났는지 물어봤을 때 대답을 하지 못하면 탈락이다. 다행히 대답을 하면 참여를 잘했다고 판단하므로 합격하기도 한다. 결국 말을 많이 하느냐 적게 하느냐가 합격 불합격을 좌우하는 것이 아니라, 참여 태도가 당락을 결정한다.

    면접에서 말할 타이밍을 놓치거나 하려던 말을 이미 누군가가 해서 한마디도 못하는 경우가 생긴다. 영어 실력이 좋은 지원자가 말을 길게 한다고 합격하는 것은 아니다. 합격 요인은 배려와 소통의 자세에 있다는 점을 잊지 않아야 한다. 디스커션 중에 어수선하거나 조용해질 때, 내가 해야 할 역할을 판단하는 센스가 중요하다. 조의 분위기가 좋아 팀워크를 훌륭하게 발휘했다면 합격할 수 있다.

## 합격 준비 방법

만약 모두 리더가 되고 싶어 한다면? 적극적인 지원자들 사이에서 자꾸 치인다면? 자신은 리더 성향이 아닌데도 리더를 해야 할까? 이때 당황하지 말고 융통성을 발휘해야 한다. 서포터(Supporter)가 되어 리더십을 발휘하거나, 팔로워(Follower)가 되어 적극적으로 호응을 하면 된다.

그룹 디스커션은 단기간에 답변을 암기하는 등의 준비가 어렵다. 따라서 평소에 비즈니스 영어 회화를 공부하는 것이 좋다.

다양한 성향의 지원자들 속에서 자신의 역할이 있어야 하므로, 아래의 6가지 역할 중에서 내 성향에 맞는 전략을 세운다면 최선의 결과를 낼 수 있다. 평소에 다양한 역할을 연습해서 실전 감각을 키워보자.

| 구분 | 역할 | 장점 | 단점 |
| --- | --- | --- | --- |
| 1 | Leader 리더 | 주도권을 가지고 주목을 받기에 가장 좋다. 역할 비중과 존재감이 크다. | 잘못하면 독단적이고 조화를 못 이루는 고집스러운 사람으로 보일 수 있다. |
| 2 | Supporter 서포터 | 리더와 팔로워의 중간 역할이다. 리더가 말할 때 호응만 잘 해도 존재감이 확실해진다. | 리더보다 존재감이 애매해짐을 주의한다. 리더가 잘할 경우 역할이 위험하다. |
| 3 | Follower 팔로워 | 사람들에게 호응을 잘하여 분위기 메이커로 무난하다. | 호응만 할 뿐 발표를 하지 않는 소극적인 사람으로 보인다. |

| | | | |
|---|---|---|---|
| 4 | Listener 리스너 | 순응적이어서 문제를 일으키지 않는다는 인식을 준다. | 소극적이고 영어를 못하는 사람으로 오해를 받기 쉽다.<br><br>열정이 없어 보인다. |
| 5 | Time-Checker 타임 체커 | 토의 전에 지원을 함으로서 적극적인 지원자로 보인다.<br><br>토의 시간을 알려줌으로 주도권을 잡기에 용이하다.<br><br>조원들이 모두 적극적일 경우 마무리를 할 수 있는 기회가 있다. | 정확한 시간 안내를 해야 하는 것에 부담을 느끼고 신경을 쓰게 되면 토의에 소홀하기 쉽다.<br><br>존재감이 없는 것에 유의해야 한다. |
| 6 | Note-Taker 노트 테이커 | 토의 전에 지원을 함으로서 적극적인 지원자로 보인다.<br><br>시작과 중간, 그리고 마무리에 주도권을 잡고 리더역할을 포함하여 모든 역할이 가능하다.<br><br>특별히 팀원 모두가 적극적일 경우 리더로서 존재감을 확실히 보여줄 수 있다.<br><br>결론을 잘 정리하여 논리적으로 발표하면 합격률이 높다. | 정리에 집중하느라 토의에 신경을 쓰지 못할 우려가 있다.<br><br>혼자만 바쁠 수 있으므로 멀티플레이가 안 되는 사람은 유의해야 한다.<br><br>토의에 참여하는 것이 더 중요하다. |

## 4. 세라의 면접 평가 도구들
### - Tools of Interviewer

실제 면접에서는 이력서에 나온 경력보다 면접자의 본모습과 성격을 보려고 한다. 서류로만 보아서는 알기 어려운 인성과 이미지, 그리고 특성을 알아보기 위해 직접 만나서 면담을 하는 것이다.

긍정적인 질문에는 솔직하고 성실하고 긍정적이고 창의성과 열정이 있고 배려심이 있었던 경험을 마음껏 펼치듯 이야기하는 것이 좋다. 부정적인 질문에 대해서는 인내심과 도전 정신을 보여주는 것이 필요하다. 그 예로 어려운 일을 잘 해결하고 극복해낸 구체적인 경험담이 좋다.

나의 경우, 재치와 센스를 발휘했던 나의 성향을 솔직하게 말했기에 면접관이 동료로서 함께 일하고 싶어 했을 것이라고 생각한다. 그것이 바로 나의 면접 합격 포인트였다.

머리로만 알고 있고 표현이 자유롭지 않으면 형식적인 부자연스러움이 생기게 된다. 자연스럽게 흐름을 타야 최종 면접까지 올라가서 합격할 수 있다. 면접관의 도구는 지원자의 성향과 지원자의 기질을 관통하는 관찰력과 통찰력이다. 면접관의 눈에 비친 내 모습이 어떤 것인지에 대한 지식이 필요하다.

지금부터 면접관의 도구에 대해 알아보자.

① Stability 안정감

문제의 의도를 정확히 파악하고 자신감 있게 크고 정확한 어휘와 속도로 답해야 한다.

반대로 절대로 해서는 안 될 행동은 무응답, 동문서답, 흥분(오버 액션), 과도한 긴장으로 어색한 모습이다.

밝고 명랑한 스타일과 산만하고 들뜬 스타일은 구별이 된다. 명랑이란 유쾌하고 활발한 에너지로 주변을 밝고 환하게 한다는 의미이다.

나의 경우, 명랑이 지나쳐서 첫 항공사 면접에서 실수를 한 경험이 있다. 나는 특별하게 보여야 한다는 순수하고 무지한 마음에 엉뚱한 아이디어를 내었다. 분명히 면접에서 자기 소개를 시킬 텐데 이때 임팩트 있게 새로운 것을 시도하겠다고 마음을 먹었다.

나는 1차 면접에서 짧은 시간 내에 배울 수 있는 마술을 하기로 했다. 치밀한 마술 연습과 면접 준비를 마친 끝에 면접 당일이 되었다.

나는 손톱 만한 빨간 스펀지 공이 주먹보다 큰 토끼로 변신하는 인형을 스커트 허리춤에 숨겨 갔다. 면접에서 창의적인 사람으로 보이겠다는 나만의 비밀 작전이었다.

내 차례가 되었다. 나는 나 자신을 토끼에 비유하며 마술과 함께 자기 소개를 했다. 짠하고 토끼를 변신시켜 면접관들과 지원자들을 깜짝

놀라게 하는 데는 성공했다. 그러나 아뿔싸! 신기하고 재밌는 표정과 황당하고 놀란 표정은 다르다는 것을 그때 알게 되었다.

'어! 이게 아닌데.'

나의 오버 액션으로 면접장 분위기가 어색하고 묘해졌다.

그날 승무원 준비로 유명한 인터넷 카페에서 내 이야기가 화제가 되었다.

"세상에, 어떤 지원자가 마술을 했대~~."

면접을 마치고 승무원 학원에 갔는데 벌써 이 소식을 어떻게 알았는지, 오늘 면접에서 어떤 지원자가 갑작스럽게 마술을 해서 면접관들을 놀라게 했다는 이야기를 들었다.

선생님은 표현 방법과 품행이 충동적이지 않도록 해야 한다고 학생들에게 설명을 했다.

"어머 선생님. 그러면 안 되는 건가요?" 내가 물었다.

"혹시 그게 너니?"

역시 너다운 행동이라며 모두가 웃었다.

나는 그 후, 각 항공사별 면접의 특징에 대해 몸소 체험했다. 항공사마다 원하는 인재상이 있고, 면접 분위기와 스타일이 다르다는 것을 그때부터 분석하게 되었다.

식상한 자기 소개보다는 나를 가장 잘 표현할 방법을 다시 연구하기 시작했고, 나만의 특별한 매력을 표현할 수 있는 면접 스타일을 찾아갔다.

지금 돌아보면 면접에서 실수를 하더라도 내 능력을 과대평가해서 실수를 했던 열정에 박수를 쳐주고 싶다. 이제는 그렇게 하라고 해도 못하니까. 남들이 해보지 않은 것을 용감하게 덜덜 떨면서도 시도했던 그 날, 안타깝고 간절했던 모습의 나를 꼬옥 안아주고 싶다. 나의 면접 실패담을 통해 눈에 띄고 싶다는 생각에서 벌어지는 웃픈 일들이 후배들에게는 일어나지 않기를 바란다. 어떻게 해서라도 꿈을 이루고 싶은 사람들을 향한 내 마음이기도 하다.

비록 싱가포르 항공사에서는 받아 주지 않았지만, 의기소침하지 않고 계속 도전했기에 다른 항공사에 3번이나 합격할 수 있었다.

안정감은 성향을 통해 지원자의 적합성을 보는 것으로, 돌발적으로 튀는 행동이 아니란 것을 알기 바란다.

② Maturity 성숙함

외국 항공사 면접이라고 해서 자유분방하고 격식이 없는 게 아니다.

지원자의 행동과 감정 의도에 있어서 항공사의 면접은 보수적인 편이다. 최대한 예의를 갖추고 최고의 준비로 내가 얼마나 적합한 사람인지를 보여 주는 것이 중요하다.

항공사 면접에서는 조화와 균형을 본다.

내가 승무원이 되겠다고 면접을 보기 시작한 것은 2002년부터이다. 항공사에 합격하기까지 여러 항공사에 면접을 보러 다녔다. 정말 많이 떨어졌다. 놀라운 것은 항공사 면접에 떨어질 때마다 더욱 원하고 깊이 사랑에 빠졌다. 승무원이 되어야 직성이 풀릴 것 같았다. 한이 맺힐 지경쯤 이제 때가 되었음을 느꼈다. 자신감의 뒷면에는 '평범한 스타일인 내가 엄청난 경쟁을 뚫고 외국 항공사에 들어갈 수 있을까?'라는 또 다른 소리가 있다. 잡음을 떨쳐내는 용기가 온 하늘을 뒤덮을 정도가 되면 어느 순간 면접이 두렵지 않게 된다.

가장 두려운 건 내가 지금처럼 원하지 않는 삶을 계속 살아야 할지 모른다는 것이다. 원하는 삶을 살기 위해 여기서 탈출해야 한다는 것을 나는 알고 있었다.

나는 면접 경험을 통해 나 자신을 객관적으로 평가할 수 있는 성숙함을 배웠다.

③ Motivation 의욕과 동기

그렇다면 원하는 일, 원하는 삶을 찾는 방법은 무엇일까?

무언가를 떠올릴 때마다 약간 두렵고 긴장되고 떨린다면 그게 바로 내가 그것을 원한다는 증거이다.

누군가 나에게 외국에 나가지 말라고 말렸다면 나 또한 꿈같은 인생 모험을 하지 못했을 것이다.

자신이 지금 원하는 삶을 살고 있는가?

나 자신이 저절로 몰입이 되고 간절해지는 것에 빠져들어 본 경험이 있는가?

이러다 일 저지를 것 같은 열정이 폭발할 때가 있다. 남들은 다 잘 지내는 것처럼 보이는데 나만 되는 일이 없는 것 같아 삶이 초라하게 느껴질 때가 있다. 그들은 원하는 것을 이루어 만족할 만한 삶을 사는 것 같다고 생각하는 사람들에게 하고 싶은 이야기가 있다.

아무도 답을 모른다. 경험자라고 해서 다 아는 것이 아니다. 먼저 목표를 이뤄 본 것뿐이다. 합격의 비밀을 알아내려고 다른 사람들을 따라하는 것보다는 나의 영혼을 아름답게 만드는 몰입이 먼저다. 그러면 면접 평가의 기준을 면접관의 입장에서 헤아릴 수 있게 된다.

나는 비행을 하면서, 그리고 퇴사 후 강의를 하면서 많은 것을 알게 되었다. 항공사에서의 실패와 성공의 경험이 삶의 재료로 쓰임 받고 있다는 것. 내 이야기가 독자들에게 그 어떤 영감을 주면 좋겠다. 고등학교 시절 수업 중에 선생님을 졸라서 잠깐 들은 첫사랑 이야기가 본 수업보다 재밌었듯이 말이다. 배워서 남 준다는 말은 그래서 맞다.

④ Communication Skills 화술

세련미와 따뜻함을 갖추면 그것으로 완벽하다. 단순 암기나 면접의 기술로 실력이 느는 것이 아니다. 내 일상 속의 생각들과 마음 씀씀이, 생활 습관이 진정한 연습이자 준비이다. 면접은 서류 전형 이후에 이미지를 보고 대화를 통해 인성과 성향을 파악하는 것이므로 외운 티가 나거나 정형화된 대답을 하기보다는 자신만의 이야기를 할 수 있는 내공을 쌓아야 한다.

내면의 아름다움과 진정성이 피부를 뚫고 나와 광채가 나고, 면접장을 후광으로 가득 채우게 된다면 상큼한 감동과 함께 자신감이 흘러넘쳐 그 어떤 상황에서도 당황하지 않게 될 것이다. 이는 외적 이미지뿐만 아니라 내면의 에너지를 말하는 것이다. 갖춰진 매너가 쌓여 습관이 되듯 지적인 여성이 되어 우아함을 갖추고, 진정한 럭셔리가 무엇인지 짧은 면접에서 최대한 나타내야 합격의 기쁨을 누릴 수 있다.

면접 실력은 자신감 있는 말로 표현이 된다. 거기에 대한 굳은 믿음과 신뢰가 필요하다. 밝고 아름다운 미소가 좋은 인상을 주므로, 어떤 질문을 받더라도 자연스러운 미소를 유지하며 당당하게 대화를 이어 나가야 한다.

  면접을 볼 때 준비한 질문이 나오지 않아서 대답을 제대로 하지 못했다고 낙심하고 포기할 필요는 없다. 바로 이때가 프로다운 표정 관리가 필요한 타이밍이다. 우울하고 뚱한 표정 대신 순발력과 재치가 넘치는 표정이 판을 바꾼다.

  실제 비행기에서 근무할 때 내가 모르는 것을 물어보는 손님들을 대한다고 한번 생각해 보자. 어떻게 대처하는지 보기 위한 것일 수도 있으니 당황하지 말고 차분히 대응하는 자세가 중요하다. 반대로 대답을 청산유수처럼 너무 잘했다고 안심해서는 안 된다. 오히려 너무 고집스러워 보여 조직과의 융화가 어렵다고 면접관이 의심할 수도 있다.

**Communication Skill**
Speaking, Listening, Ability to express ideas and feelings

Behavior, Goals, Motto of Life
**Maturity**

Confidence, Endurance, Adaptability
**Stability**

**Motivation**
Active lifestyle, Passion

〈비행기의 구조로 비유한 면접 평가표〉

① 비행기의 몸통: 비행하는 동안 머무는 이동 장소이자 승객과 직원 간에 많은 커뮤니케이션이 이루어지는 곳이다.
② 비행기의 양 날개: 비행기가 뜨고 날 수 있도록 양력을 받게 하는 역할을 한다. 확실한 열정 동기와 성숙한 직업의식이 필요하다.
③ 비행기의 수직수평꼬리 날개: 이착륙과 비행 중 방향을 컨트롤하는 주요 역할을 한다. 자신감, 인내심, 적응력이 면접의 방향을 이끌어간다.

## 5. 비디오 면접은 처음이지?

비디오 면접은 요즘 외항사에서 많이 하고 있는 최신 트렌드이다. 셀프 인터뷰 연습을 할 수 있는 HireVue라는 앱이 있어 항공사 직원 채용 공고가 났을 때 충분한 연습 후 지원할 수 있다. 실전의 느낌을 재연하기 위해 자신의 면접 모습을 동영상으로 녹화하여 객관적으로 평가한다. 평소의 지적인 언어 습관은 내 삶을 고급스럽게 이끌어간다. 말의 습관, 발음, 내용이 모두 중요하므로 비즈니스 영어 회화 학습을 추천한다.

싱가포르 항공의 경우에는 '서류 합격 – 이메일로 비디오 인터뷰 인비테이션 받음 – 관련 링크에 들어가 비디오 면접 녹화 – 1번의 기회 – 랜덤으로 나오는 질문을 읽기 – 생각할 시간 1분 – 시간 경과 후 녹화 시작 – 3~4개의 질문 – 에세이 쓰기'로 면접이 이루어진다.

홍콩 항공의 경우에는 한 문제당 1분 30초의 시간이 주어지고, 3번의 기회가 있다. 마음에 들면 Continue, 수정하고 싶으면 Revise 하면 된다. 기출문제로 자기 소개, 홍콩 항공 승무원의 이미지, 내가 좋아하는 장소가 나온 적이 있다.

에미레이트 항공은 1차 면접과 같이 이미지 체크와 영어 실력으로 평가한다.

미세한 표정과 변화 긴장한 모습이 잘 포착되므로 확실히 웃어야 제대로 보인다. 여성스럽고 우아하게 글로벌한 지원자로서의 면모를 보여준다. 겸손과 자신감이 필요하다.

미리 연습할 시간이 주어진다. 연습 질문으로 연습하고 실제 면접 녹화 버튼을 누르고 비디오 면접을 시작한다.

비디오 면접에서 주의할 점은 다음과 같다.

① 잡음이나 소음이 없는 조용하고 집중할 수 있는 공간 선택: 녹화를 통해 이미지와 말을 통한 답변으로 평가하는 시스템, 밝은 조명과 깨끗한 배경을 준비한다.
② 면접 복장과 메이크업: 넥 라인, 얼굴이 화사해 보이는 색과 헤어 메이크업(단정하고 자연스럽게 자신에게 어울리는 모습, 매니큐어, 시계, 장식 없는 작은 진주 귀걸이), 자리에서 일어나 전신 모습을 보여주는 것을 요구하기도 하므로 의상을 잘 갖춰 입는다.
③ 카메라를 응시한 상태에서 적절한 시선 처리와 말의 속도에 주의한다.

④ 정해진 시간 안에 순발력 있게 바로 답하기: 질문을 읽고 짧은 시간 안에 생각한다. 빨리 대답하는 것보다는 좋은 답과 정확한 발음이 중요하다.

⑤ 면접이 길게 진행되지 않으므로 짧고 간결하게 답하기: 타이머가 있으므로 질문의 요점을 파악한다.

⑥ 기본적으로 3~5개의 질문을 받는다. 30초의 답변 준비 시간이 있으며, 질문은 스몰 토크와 관련된 수준이다.

⑦ 노트북, 랩탑, 핸드폰 등은 비행기 모드 사용: 전화, 문자, 알림음 등이 면접에 방해가 되지 않도록 주의한다.

⑧ 서류와 비디오 면접을 제출하면 접수가 되었다는 메일이 온다. 서류 합격자가 인비테이션을 받은 날짜로부터 6개월이라는 유효기간이 있다. 항공사에 따라 1차와 2차 면접에서 떨어지면 1년간 다시 지원할 수 없는 패널티(Penalty)가 있다.


## 비디오 면접 연습 방법: 'Hirevue' 앱으로 인공지능 채용 방식 연습하기

1. Hirevue 앱을 실행하여 웹페이지를 연결한다.
2. 4~5개의 랜덤 질문이 나온다.
3. 준비 시간 30초가 지나면 자동으로 녹음이 된다.
4. 답변 중에는 멈출 수가 없으므로 준비시간 30초 동안 무엇을 말할지 먼저 생각해야 한다.

단어, 표현력, 성격, 감정적 반응, 적극적인 자세를 판단한다. 이것을 평가해서 순위를 매긴다. 자료를 근거로 회사 기준에 맞으면 합격이다.

1분 안에 자신의 생각을 조리 있게 말하는 능력은 운이 아니라 실력이다. 연습만이 살길이다.

## 6. 질문 속에 숨어 있는 면접관의 속마음

> **Q** 당신은 사회생활을 하면서 인간관계에 어려움이 있었을 때 어떻게 극복했나요?

**면접관의 속마음**

조직에서는 혼자서 성과를 낼 수 없다. 이 지원자는 자신과 맞지 않는 사람들과도 조화롭게 일해 본 경험이 있을까?

    이 세상에 완벽한 사람은 없다. 그와 같은 사실을 인정하고 어려운 상황에서 동료와 잘 지낼 수 있었던 특별한 경험이 있어야 한다.
    항상 인기가 많고 모든 사람들과 잘 어울린다는 신빙성이 떨어지는 말로 면접관에게 좋은 점수를 받기는 어렵다. 그랬다간 거짓말이 의심되어 꼬리 질문으로 점검에 들어가기 쉽다.
    내가 상황을 바꿀 수 있었는가? 상대방의 말을 잘 경청했는가? 하는 것을 증명하는 것이 중요하다.

비행기에서 일하다 보면 다양한 사람들을 만나기에 모두를 만족시킬 수는 없다. 대신 모두를 따뜻한 마음을 가지고 사랑으로 대할 수 있어야 한다. 경력이 없거나, 아직 나를 힘들게 하는 사람을 만나보지 못했다고 하는 건 바람직하지 않다. 준비가 안 된 채로 질문을 받으면 그 순간 나쁜 기억이 떠오르며 표정이 변하기 마련이다.

크리스토퍼 에이버리는 다음과 같이 말했다.

'다른 사람들과 일하는데 익숙해지는 것이 당신이 어느 위치에 있든 자신의 가치를 높이기 위해 할 수 있는 가장 중요한 일일 것이다.'

팀워크란 공동의 책임을 의미한다. 어려움이 닥쳤을 때, 팀의 탓으로 돌리는 것은 곧 개인의 실패와도 같다. 다른 사람의 행동을 통제할 수 없지만 자신의 행동은 통제할 수 있다.

> **Q 스스로 해결하기 힘든 일이 있을 때, 또는 화가 많이 날 때 당신은 다른 사람들에게 어떤 태도를 보이나요?**
>
> **면접관의 속마음**
>
> 어떤 상황에서도 미소를 잃지 않는 것이 중요한데, 개인적인 일로 마음이 힘들어도 계속 웃을 수 있을까?

직장에서 마음이 힘들 수도 있다. 그러나 서비스직에서 팀으로 일할 때는 개인적인 감정을 근무 중에 드러내는 것은 프로답지 못하다.

항공 승무원은 다양한 문화와 인종이 모여 일을 하는 항공사에서 많은 사람들을 돕는 일을 하기 때문이다. 팀을 위해서 개별적인 감정과 자신만의 성향은 접어두고 회사 매뉴얼과 규칙으로 프로답게 회사 문화를 따라야 한다. 그래야 진정한 융화가 되는 것이고, 팀이 똘똘 뭉쳐 일의 성과를 낼 수 있다.

불완전한 팀을 만날 마음의 준비를 하는 것이 좋다. 그 어떤 경우든 팀이 동시에 움직일 수 있도록 하는데 에너지를 쏟아야 한다. 시간이 걸리고 경험이 필요하므로 인내심을 길러야 한다.

회사는 나 자신보다 중요한 무언가를 위해 정직하고 열정적으로 함께 근무할 인재를 뽑기 위해 면접을 보는 것이다.

### Q 존경하는 사람이 있나요?

**면접관의 속마음**

지원자가 진심에서 우러나는 태도로 승객들을 존중할 수 있을까?

면접관이 존경하는 사람에 대해 묻는 이유는 사람을 평가할 때 어떤 기준을 가지고 있는지 알아보기 위해서이다. 누구나 아는 유명 인사, 역사 속의 위인, 개인적으로 아는 사람 등 존경의 대상이 누구인지는 중요하지 않으며, 가장 중요한 것은 존경하는 이유이다.

유명 인사를 존경한다고 하면 친밀한 느낌이나 설득력이 약하다고 생각해서 부모님이나 가까운 사람을 존경한다고 대답하는 경우가 많은데, 식상한 답을 피하려면 누군가를 진정으로 따르고 존경하는 마음이 구체적이면서도 충분히 설명되어야 한다.

# 세라의 영원한 마음속 멘토, 철인에 대한 스토리

내가 존경하는 인물은 슈퍼맨이 아닌 철인이다.

철인을 생각하면 홍해 바다를 끼고 있는 쥬메라비치(Jumeirah Beach)가 떠오른다. 그곳은 두바이에서 내 삶의 오아시스였고, 지금도 그리운 장소이다. 중동에 비치는 햇살은 모든 것을 금빛으로 만든다. 비행이 없는 날이면 뜨거운 모래사장이 있는 해변에 가서 수영을 하고, 해질 때까지 그의 책을 읽었다.

철인은 외국에서 동양인이라는 이유로 학창시절 왕따와 괴롭힘을 경험했단다. 그는 등교하자마자 혼자 조용히 기도하기에 좋은 학교 화장실로 갔다. 축축한 바닥에 무릎을 꿇고 친구들을 사랑하게 해달라고 기도로 하루를 시작했다. 학생들은 그의 모범적인 태도에 점차 변화를 보였고, 그는 최우수 학생으로 졸업한다. 그의 영향력은 비행이 힘들다고 불평하기보다는 초심을 회복하게 해줬다.

나는 비행 8년차가 되어서야 감정 노동이 무엇인지 알게 되었다. 웃음이 사라져가고 몸보다 마음이 더 힘들었다. 일을 그만 두고 한국에 가고 싶어도 누리던 혜택을 포기하고 직업을 내려놓을 수는 없었다. 외국 생활의 단점인 향수병으로 늘 설레던 비행이 무미건조해졌다.

나도 어느 날부터 승객들의 탑승이 시작되기 전에 화장실에서 무릎을 꿇고 엎드렸다. 힘들다고 자리를 피하는 것이 아니라, 다시 직업의 기쁨을 회복하여 승객들을 사랑하는 마음을 달라고 기도했다.

나는 비행기 화장실 바닥에 떨어진 눈물 자국을 정리하고 무릎을 털었다. 거울을 보며 미소를 지어 보는데 입은 웃고 눈은 젖어 있다. 내 마음이 사랑으로 충전되어 좁은 화장실을 나온다. 원더우먼이 되어 하늘을 날아다닐 만큼 새 힘이 난다. 승객들이 요구하는 것이 많아 비행기 복도를 수만 번 왔다 갔다 해도 비행이 좋았다. 그렇게 철인에게서 위로와 긍정적인 힘을 받은 비행의 계절이 있었다.

퇴사 후인 2016년 서울 동교동, 늘 하고 싶었던 도자기 공방을 열었다. 홍보를 위해 SNS를 했는데 거기서 우연히 철인을 발견했다. 갑자기 철인과 인연이 닿은 느낌이 들었고, 통하는 기분이 들었다. 철인은 추성훈과 지진희를 닮았으며, 헤어스타일은 군인 장교풍이다. 나와 나이대가 비슷한 싱글 선교사님. 나의 오랜 멘토이자, 나의 이상형이다. 개인적으로 만날 방법도 없고 그저 완벽한 이상형일 뿐이어서 현실적으로는 그와 비슷한 사람을 찾아 교제해 왔다.

그러던 어느 날, 나는 홍대 거리를 지나고 있었고, 필리핀에서 관광을 온 사람들이 나에게 길을 물어왔다. 지도로 설명하기가 어려워 목적지까지 데려다 주기로 하고, 그들과 함께 길을 가고 있었다. 그런데 강연 영상에서 많이 듣던 목소리가 내 귀에 들려왔다.

"안녕하세요!"

오, 마이 갓~! 철인이었다. 길을 가다가 이렇게 만나게 되다니 놀라고 반가워서 좀처럼 마음이 안정되지 않았다. 우리는 어수선한 가운데 인사를 나누고 헤어졌다. 나는 아쉬운 마음에 인파 속으로 사라져 가는 그를 자꾸만 뒤돌아보았다. 가장 존경하고, 가장 보고 싶었던 사람을 영화 속의 한 장면처럼 길에서 우연히 만난 것이다.

필리핀에서 온 관광객들을 목적지까지 데려다 주고, 나는 철인이 걸어간 길을 따라 전력 질주했다. 이미 사라져버리고 없는 그의 이름을 길에서 외치고 싶었지만 차마 그러지는 못했다. 다급한 마음에 인스타그램(Instagram)으로 메시지를 보냈다. 공방이 홍대 근처에 있으니 시간이 되시면 공방을 한번 방문해 달라고, 반가웠다고 글을 남겼다.

누군가를 오랫동안 그리워하면 꼭 만나게 된다. 왠지 속상하고 슬퍼졌다. 공방으로 돌아와 아쉬운 마음을 음악으로 달래며 청소를 했다.

몇 시간 후 공방이 꽉 차는 느낌이 들더니 문으로 누군가 들어왔다. 철인이었다. 내 공방에 기적이 일어났다. 잠깐 들른 짧은 시간 동안 커피를 마시고, 도자기에 그림을 그리며 우리는 대화를 나누었다. 그동안의 많은 이야기를 다 쏟아내고 싶었으나, 짧은 만남으로도 충분한 위로가 되었다.

소설 같은 하루였지만 내겐 인생의 중요한 한 시기를 보낸 것만 같았다. 순간 속에서 영원함을 느꼈다. 그때 필리핀 사람들의 도움 요청을 그냥 지나치지 않았기에, 그곳에서 완벽한 타이밍으로 이루어진 만남이었다.

그 일을 생각하면 김환기 화가의 '어디서 무엇이 되어 다시 만나랴'라는 작품이 떠오른다. 무심코 찍은 점들이 화면 가득 색채의 농담과 번짐의 차이로 나타나 별이 반짝이는 하늘의 공간감을 느끼게 한다. 넓은 세상 한 가운데서 철인을 정겹게 만난 일은 내 삶에 중요한 터닝 포인트가 되었다.

한 번의 우연한 만남이 한사람의 인생을 송두리째 바꾸어 놓기도 한다. 많은 사람이 어울려 살아가는 세계에서 내가 존경할 수 있는 인물을 만나는 것은 매우 중요하다. 사랑을 받아 본 사람이 사랑할 줄 아는 것처럼, 내가 진정으로 존경할 수 있는 대상이 있어야 나도 존경받는 사람이 될 수 있다.

우리의 인생은 배움에 의해 끊임없이 발전해 나가고 있으며, 롤 모델을 통해 인생관이 형성된다. 나의 롤 모델은 삶의 중요한 순간마다 올바른 결정을 할 수 있도록 방향성을 제시해 준다. 그리고 나의 인생을 몇 배나 더 풍요롭게 한다.

자기 소개서는 글쓰기 대회에서처럼 창작을 하는 것이 아니다. 자신이 살아온 이력, 살아갈 계획에 관한 정보의 요약이다. 글자 수와 페이지 제한이 있기 때문에 짧은 에세이처럼 또는 임팩트 있고 조리 있는 시를 쓰듯이 줄이고 줄여 압축을 해야 한다.

과장을 하거나, 억지로 지어내서는 안 된다. 나는 회사의 발전에 크게 기여할 수 있는 적합한 사람이라고 상상하면서 쓰는 것이 좋다. 그 믿음의 근거를 제공하는 사실을 스토리텔링으로 요약해야 한다. 나의 소망, 의지와 태도에 따라 고유한 색깔을 가지고 작성하는 것이다.

Part
03

# 준비는 끝!
# 이제는
# 실전이다

세라의 비행접시 3: 땅 밟기

## 1. 이력서와 자기 소개서 작성 요령

인생을 요약할 때는 목표를 의식해야 한다. 인사 담당자는 객관적으로 확인할 이력서의 내용과 자기 소개서를 보고 회사와 고객과 동료들에게 도움이 될 사람을 선택한다. 서류에 무조건 합격하여 면접관을 직접 만나 내가 얼마나 괜찮은 사람인지를 실제로 보여주자. 마음에 부담이 오는가? 그럼 정말 여기에 모든 걸 걸었다는 것이니 지금부터 함께 노력해 보자.

### 영문 이력서

이력서는 FACT(Flight attendant Analysis Core Turth)이다. 어떤 사실을 중요하게 살펴볼 지를 결정하는 것은 읽는 면접관이다. 이력서는 회사 온라인 제출용이 있고 자유 형식이 있다.

나를 기준으로 한 자유 형식의 영문 이력서에는 이름, 생년월일, 출

생지, 키, 몸무게, 가족 관계, 학력, 경력, 외국어 구사 능력, 자격증 보유 현황, 사회단체 활동 경력, 해외 체류 경험 등을 적는다. 그리고 여권 사이즈의 사진을 왼쪽에 붙인다. 정장과 메이크업이 완벽한 사진이어야 한다.

해당 사항이 없는 빈칸에는 N/A, NONE이라고 꼭 표기한다. 어떤 정보를 일부러 누락하거나 거짓 정보를 넣는다 하더라도 일이 잘못되면 책임을 져야 한다.

자유 형식 이력서는 특별한 서식이 없어 원하는 대로 쓸 수 있다. 이게 더 모호해서 차라리 형식이 있는 게 좋을 수도 있다. 하지만 나의 경력과 개성을 어필하기에는 자유 형식이 더 좋다.

나의 경우를 예로 들자면 여러 가지 글씨체와 간격, 굵기가 있지만 그래도 항상 서류 전형을 통과했던 합격 이력서 형식은 다음과 같다.

① 서체: Times New Roman
② 글자 크기: 10포인트
③ 줄 간격: 160%
④ 분량: A4 2매

영문 이력서는 워드나 한글 프로그램으로 작성한 후 PDF 파일로 전환, 저장하여 제출한다.

## 자기 소개서

자기 소개서는 글쓰기 대회에서처럼 창작을 하는 것이 아니다. 자신이 살아온 이력, 살아갈 계획에 관한 정보의 요약이다. 글자 수와 페이지 제한이 있기 때문에 짧은 에세이처럼 또는 임팩트 있고 조리 있는 시를 쓰듯이 줄이고 줄여 압축을 해야 한다.

과장을 하거나, 억지로 지어내서는 안 된다. 나는 회사의 발전에 크게 기여할 수 있는 적합한 사람이라고 상상하면서 쓰는 것이 좋다. 그 믿음의 근거를 제공하는 사실을 스토리텔링으로 요약해야 한다. 나의 소망, 의지와 태도에 따라 고유한 색깔을 가지고 작성하는 것이다.

내가 누구이며, 어떻게 살았는지, 잘하는 게 무엇인지 모든 정보를 아는 것은 자기 자신뿐이다. 말하듯이 쓰려면 몇 번이고 소리 내어 읽어 보고, 어색한 문장이 입에서 걸리면 술술 읽힐 때까지 수정을 해본다.

전략적으로 완벽해야 한다. 서류 전형에 합격해야 면접관을 실제로 만나는 기회를 가지게 되므로 꼭 통과해야 한다. 그 다음에 면접에서 만나 내가 회사에 어떻게 기여를 할 수 있는지를 보여주고 나에 대해 더욱 알고 싶게 흥미를 이끌어내야 한다.

다음은 모든 외국 항공사 서류 전형을 통과한 나의 커버레터 샘플로, 어떻게 써야 하는지 막막할 때 참고하길 바란다.

실제로 합격한
세라의
리얼 커버레터

\*\*\*\*\*\*\*\*\*\*\*\*\*\*\*\*\*\*Seoul,Korea
E- mail : \*\*\*\*\*@\*\*\*\*.com
Mobile Phone: +82-10-\*\*\*-\*\*\*\*

To Whom It May Concern :

Please find my resume enclosed for your consideration.

First of all, Thank you for giving me the chance of your team.

I was impressed by your company's vision and mind during the web searching more and also have a very deep affection to ○ ○ ○. Especially your company growth potential and feel I can be an asset as a member of your team again with a big passion.

Please examine my credentials carefully since they appear to be matched your requirements.
 * Accommodating and provide help where needed
 * Understanding, friendly and warm hearted
 * Looks for the good in others
 * Good communication skill in Korean, English and Mandarin.
 * Variety service field & flying experience

The safety and service training I received at Emirates exceeded the industry requirements and I believe Hong Kong Airlines has a comparable reputation for service, safety and quality that is the envy of many Airlines.

I believe that my skills, experiences and reputation for excellence can enhance your company's brand and image. I have a proven track record of responsibility, integrity and commitment to company objectives. I am comfortable working independently or as part of team and firmly believe that your needs and my skills are an excellent match.

If I have the opportunity to work as a Flight Attendant of

your team, I would do my utmost best to serve to ensure the comfort for people, which I am certain I will be able to enjoy every moment it.

I hope that you will look favorably upon my application by recognizing my enthusiasm, talents and my future potential.

I look forward to discussing this position with you and would welcome the opportunity of meeting.

Thank you for your time and consideration.

Sincerely yours,

YunSun Kang

## 2. 행운을 부르는 파워 멘탈 트레이닝

"경쟁이 아니라 승리이다. 커다란 기회는 작은 승리들 속에 있다. 아무도 쳐다보지 않는다고 해서 스스로 사라지지 마라. 그들이 고개를 들어 나를 바라볼 때까지 기다려라. 퇴장만 하지 않으면 반드시 누군가가 나를 기어이 본다."

터미네이터의 주인공 아놀드 슈워제네거의 말이다.

지원자들은 면접의 두려움 대신 면접관들과 잘 소통할 수 있는 계획이 있으면 된다.

그리고 실제 승무원들은 응급 상황, 불만에 대처하거나 감정 노동, 시차 적응과 육체적인 노동에 있어서 트레이닝에서 배운 대로 문제를 해결하면 된다. 단점을 잊을 만큼 다이나믹하고 수많은 장점으로 인해 업무의 단점이 커버된다. 그러나 일이 지겨워지고 슬럼프가 오게 되면 단점들이 장점을 삼켜버리게 된다. 그만둬야겠다는 마음이 들 때는 절실했던 첫 마음을 돌아보는 열정이 필요하다.

'오늘 내가 그만 둔 승무원이라는 직업은 누군가 간절히 원하던 일자리였다.', '뒤를 돌아보아라, 너 나가면 대신 들어오려고 전 세계가 줄을 서 있다.'

면접에서 동료가 일을 그만두고 싶어 할 때 어떻게 할 건지 질문을 받았을 때 위의 문구들이 생각났다.

지속적인 신념이 있다면 밀어붙이는 게 좋다. 아무리 생각해도 하고 싶으면 꼭 해야 한다. 원하면서 아닌 척하지 말자는 것이다. 부러우면서 아닌 척하다 결국 후회와 로망으로 남기지 말자. 합리화하여 포기하지 말자. 자신을 이미 꿈을 이룬 승무원으로 받아들이지 않는다면 누구도 기도해 주지 않을 것이다.

항공사 합격을 위해 면접 보는 것을 상상하며 나는 준비를 했다. 특히 잠들기 전에 승무원이 되는 상상을 구체적으로 했다. 비행기 안에서 승객들 앞에 서 있는 모습, 유니폼을 입은 모습을 생생하게 그려 나갔다.

이런 이미지 트레이닝을 하던 중에 에미레이트의 포인트인 빨강색이 떠올랐다. 로고도 빨강, 트레이드마크인 유니폼 모자도, 가방도 신발도 빨강색이다. 그리고 회사의 이미지 컬러가 빨강이었다. 나와 항공사와의 연관성을 찾아 면접의 기회가 왔을 때 붉은 옷을 입고 내가 생각한 것이 현실이 될 거란 믿음이 곧 행운을 가져다주었다.

### 나를 사랑하는 자존감

　위대한 사람은 현실적인 사람이 드물다고 한다.

　현실적인 가능성을 논하기 전에 이 직업이 왜 나를 가슴 뛰게 하는가를 물어보았다. 나는 인정받고 사랑받고 주목받고 싶었다. 처음에는 가족들도 내가 너무 애타게 준비하며 힘들어 하니 포기하라고 했다. 그럴수록 젊은 날 운명을 바꿔보는 성취감을 느끼고 싶었다.

　간절하게 마법의 주문만 외운다고 저절로 이루어지는 것은 아니었다. 커다란 변화와 행복을 받아들일 준비가 되어 있어야 했다.

　호주에서 어학연수를 할 때 주일에 호주 현지 교회를 갔다. 목사님이 이 중에서 외국어에 대한 두려움이 있거나 대중 앞에서 연설을 두려워하는 사람들을 나오라고 했다. 많은 사람들이 무대 앞으로 나아갔고, 나도 영어를 잘해서 강연하는 사람이 되고 싶다는 믿음으로 나가서 축복을 받았다. 그 후로 내 영어 실력은 상상할 수 없는 에너지로 향상되었다. 매일이 새롭게 느껴지고 성장하여 영어를 굉장히 잘하게 되었다. 같은 자신감으로 홍콩에서 살았을 때는 광둥어와 중국어를 배우며 외국어 습득 비결을 알아냈다. 내가 원하는 것을 이룰 거라는 신념을 가지고 꾸준히 바라면 결국 하게 된다.


### 파워 메모

　내 방에는 꿈과 목표가 적힌 메모지가 가득 붙어 있다. 나를 항상 응원하며 오랫동안 기다려주고 있는, 붙인지 오래된 메모들이 떨어지려고 하면 나는 테이프로 다시 붙여 놓았다. 떨어진다는 말 자체가 싫었다.

그리고 나의 비밀 일기장에 다짐하듯 쓰고, 확신을 가지고 쓰고 또 썼다. 내 결정에 자신감과 긍지를 가지려는 반복적인 체크이다. 나의 노트에는 어떤 항공사에 너무 가고 싶어서 쓴 주술 같은 소망들이 적혀 있다. 다이어트 계획, 아이디어, 오늘 해야 할 일, 1년 후의 계획들을 보면 엄청난 꿈의 에너지를 느꼈다. 합격을 앞당길 수 있는 더 효과적인 강의법과 아이디어가 떠올랐다.

파워 메모는 내가 나 자신의 꿈길에서 멀어지지 않도록 도와준 멘탈 트레이닝이었다.

< 디쥰 design 비결. >  2012. 15일
soul design trip.           2월 16일
Art & design Flying   (호파소개)
                      내가 감명깊게
                      읽은책 소개

1 SFO 혼여행 (MOMA, blue bottle coffee)
2 밀라노 브레아 / 디자인 Museum
3 스위스 12월 25일 머물렀 그리고
   Steinway & son Piano museum
   에서 크리스마스 보내기

4 영국 V&A / Tate Modern

5. 밀라노에서 발견한책 Pieter Stockmans
   책을 본 순간 가슴이 떨리고 감동
   그 사람의 작품 스타일이 나의 스타일. 나의 방향
   그리고 다음 영국 비행에서 V&A에서
   그 작품을 보게됨.

6. 밀라노 디자인 museum에서
   Hella Jongerius 책을 발견하고 거의 감동
   그 다음 Hella의 창의성에 명료한 꿈은 기적.
   무엇다. 항상들이 면명있으며 너도 함께
   책은 책꽂이에 끼어 주니 사랑함. (읽고 벗 놓는
                                 반짝 반짝)
   그녀의 책 꽃에게는 뿔롱쌔 여러 종류의 생명책이
                                    있었다.

세라의 파워 메모 1

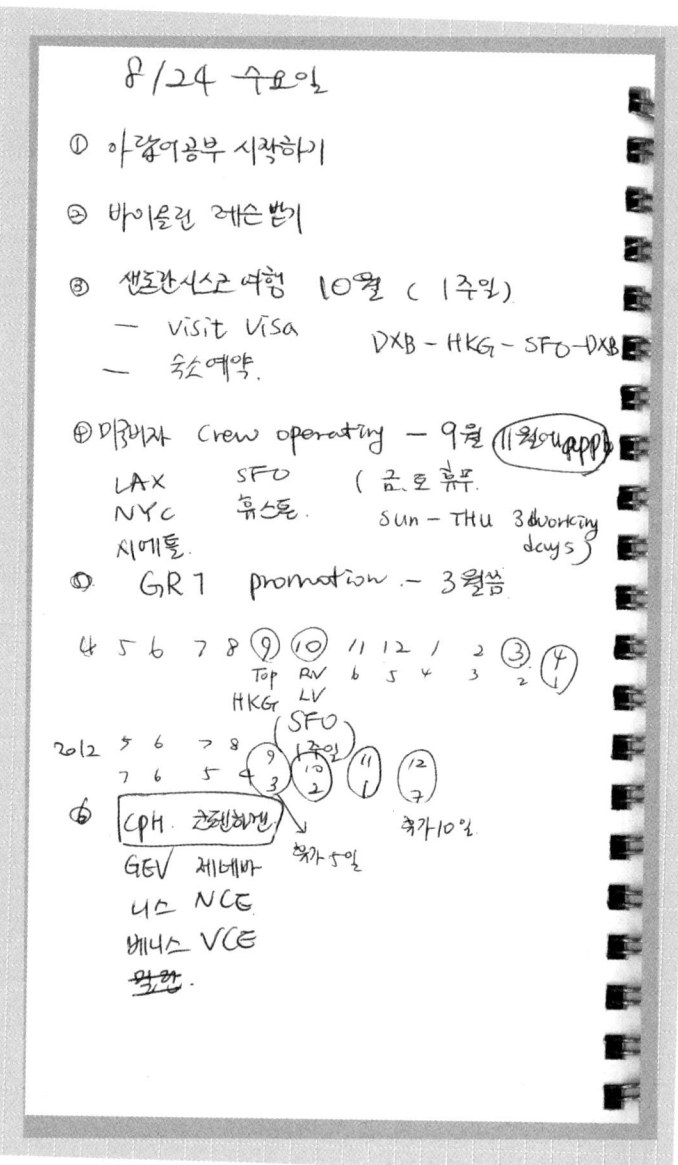

세라의 파워 메모 2

## 3. 확률로 알아보는 예상 질문 TOP 5

면접의 핵심은 확률이다. 내가 자신 있게 답할 수 있는 바로 그 질문.

스타일, 성향, 관점이 다른 면접관들의 질문을 미리 파악할 수 있다면 얼마나 좋을까?

지금부터 내가 면접관으로 활동하면서 동료들과 분석한 나만의 기출문제 TOP 5를 공개하겠다.

면접은 주어진 문제를 풀어야 하는 시험이나 숙제가 아니다. 정답을 바라는 게 아니라 면접자의 이야기를 듣고 싶은 것이다. 그러므로 이 책의 '브레인스토밍과 스토리텔링 노트'를 참고하길 바란다.

면접관은 가장 뛰어난 최고의 선수들을 찾는 게 아니라, 승무원 업무에 적합한 사람을 찾고 있다.

내 삶에서 가장 중요한 순간을 골라내어 열심히 답을 찾는 사람에게 신은 기회를 줄 것이다. 호감이 가는 사람은 면접관의 기억에 남게 된다. 합격의 승리를 내 것으로 만들기 위해서는 존재하지 않는 새로운 자리에서 질문, 창의성, 경험을 만들어내야 한다. 그 경험을 통해 대처 방법과 배운 점에 대한 스토리로 말이다.

① 승무원 자질: 47%
What do you think of qualifications of a flight attendant?
자신의 일을 정확히 아는 사람, 준비된 사람. 매력적인 사람, 당당한 사람, 자기관리, 낙천적, 태생이 긍정적인 사람

② 해외경험(연수, 여행): 28%
Have you ever been abroad?

③ 스트레스 해소: 15%
How do you release your stress?

④ 승무원 업무: 7%
What do you think flight attendants are doing in the cabin?

⑤ 한국 음식: 3%
Can you recommend me a delicious Korean food?

앞의 질문들은 내가 실제로 받은 면접 질문들이다.

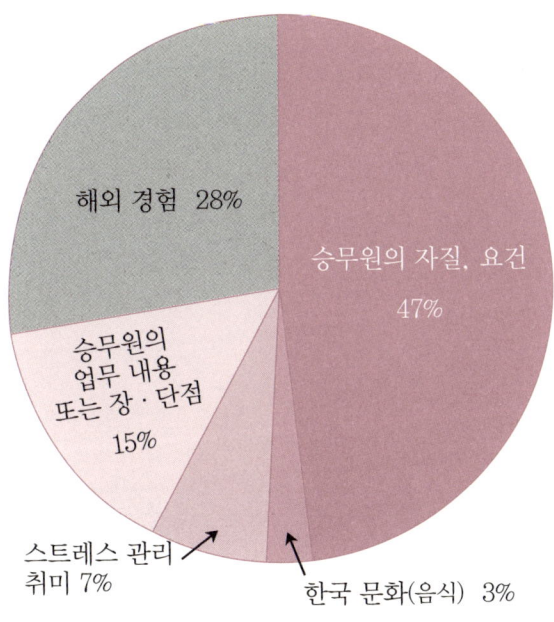

"외국인에게 한국의 어떤 음식을 추천하고 싶으세요?"

이 질문은 면접자가 한국 문화에 대해 어느 정도 이해하고 있는지, 또 얼마만큼 재치 있게 대답하는가를 알아보기 위한 질문이다.

나는 비빔밥에 대해서 이야기를 했다. 비빔밥은 한국인이 선호하는 기내식 1위이자 외국인에게는 한식의 대중화를 이끈 음식이다. 그리고 국제기내식협회에서 머큐리 대상을 수상했다. 특히 외국 여행을 마치고 돌아오는 비행기 안에서는 한국 음식이 반갑고 맛있는 위로가 되어 인기다. 여기까지 이야기하면 누구나 준비하면 다 아는 면접용 답변이다.

그래서 나는 대학원에서 조선시대 규방 문화의 이미지를 공부한 것을 응용하여 한국의 오방색과 비빔밥의 재료를 연관 지어 음식의 의미를 생각해냈다. 음식 안의 재료와 오행의 기운이 어우러진 좋은 의미를 알리고 싶었다. 승무원이 외국인들에게 비빔밥 트레이를 보여주며 음식에 대해 설명해주면 이해가 더 잘 될 것이다. 외국인에게 한식을 홍보할 좋은 기회이다.

### 인터뷰에 활용한 나의 전략 예시

| 비빔밥 | 5가지 식재료에 들어간 오방색의 의미 | | | | |
|---|---|---|---|---|---|
| 오방색 (오행의 다섯 가지 기본색) | 적(赤) | 청(靑) | 황(黃) | 흑(黑) | 백(白) |
| 식재료 | 고추장 | 야채 | 계란 | 김 | 쌀밥 |
| 의미 | 창조와 열정 | 만물의 생성 | 우주의 중심, 고귀함 | 지혜 | 진실과 순결 |

## 4. 승무원의 겟 잇 뷰티

'항공사 면접 때 어떤 옷을 입어야 좋을까?' 하는 것은 모든 면접자의 고민이다.

나 역시 취업 준비 초기에는 채용 공고가 날 때마다 새로운 면접 복장을 찾아 헤맸다.

싱가포르 항공사 1차 면접 때 입은 아이보리 색상의 정장이 기억난다. 날씬하게 보이고 싶은 마음에 허리 라인이 타이트해도 아슬아슬하게 힘을 주어 입었다. 결국 얼마 못 입고 다시 나에게 가장 잘 어울리는 옷을 찾아야만 했다.

면접을 준비하면서 투자한 비용도 만만치 않다. 면접을 볼수록 개선할 점을 객관적으로 찾았다. 준비생 기간 동안 패션 감각부터 어학 실력까지 발전했다. 단점을 보완하고 이미지를 개선하기 위한 노력의 결과다.

채용 공고가 나면 지원자들의 일상이 분주해진다. 지원용 사진, 헤어 메이크업 예약으로 정신이 없다. 더 바빠지는 건 마음이다. 언제 합격할지도 모르고 과연 끝이 있을지 막연하다. 면접장을 쫓아 다니느라 다른 무슨 일을 해도 마음이 붕 뜬 채로 꽃다운 청춘의 세월이 가기도 한다.

요즘 면접자들의 복장은 화려하고 개성이 넘친다. 외국 항공사 트렌드는 자신의 개성에 맞게 어울리는 스타일을 찾아 최고의 모습을 보여주는 것이다. 나라면 면접을 볼 해당 항공사의 유니폼과 비슷한 느낌의 옷을 입고 갈 것 같다. 메이크업 또한 항공사 홈페이지에 나오는 승무원 모델과 같은 이미지로 할 것이다. 항공사에서 원하는 이미지를 내가 모델이 되어 보여 주면 효과 만점이다. 면접관에게 나도 이 항공사 유니폼을 입으면 이만큼 잘 어울린다는 것을 어필할 수도 있고, 동료의식을 심어 주며, 해당 항공사를 위해 정성과 최선을 다하고 있다는 점도 나타낼 수 있다.

KLM 항공사 유니폼은 파랑색이다. 면접을 보기 위해 유니폼 이미지와 같은 파랑 재킷을 맞췄다. KLM 항공사 면접에는 아쉽게도 탈락했지만 오히려 내가 더 가고 싶었던 홍콩 항공에 그 옷을 입고 합격했다. 행운의 여신이 한 번에 찾아온 것은 아니다. 완벽하게 나에게 맞는 날개를 찾아 스스로 날 수 있을 때 기회의 문을 계속 두드려야 한다.

항공사에는 그루밍 스탠다드(Grooming Standard)가 있다. 규정이 있다는 것이다. 직원들은 유니폼을 통해 회사가 추구하는 이미지에 맞도록 한 팀이 된다. 패션의 개성을 보는 것이 아니다. 특별함은 지원자의 성품과 자질에서 배어 나온다. 승무원들의 긴장감 있는 우아함은 오랜 훈련과 평소 습관에서 우러나오는 것이다. 따라서 파이널 터치와 같은 화룡점정(畵龍點睛)의 의미를 담아 면접 복장을 준비함에 있어서도 최선의 전략을 갖자.

## 헤어와 메이크업

면접에서는 호감도를 높이는 것이 중요하다. 첫인상은 일차적으로 외모가 주는 느낌으로 평가된다. 따라서 유행보다는 클래식하고 깨끗한 이미지로 아름다움을 표현하는 것이 좋다.

① 헤어 스타일은 보브형, 단발형, 숏컷트, 우아한 볼륨의 프렌치업스타일, 망으로 씌운 쪽머리 중에서도 얼굴형을 살리는 가르마가 있는 쪽머리와 둥글고 단정한 쪽머리가 있다.

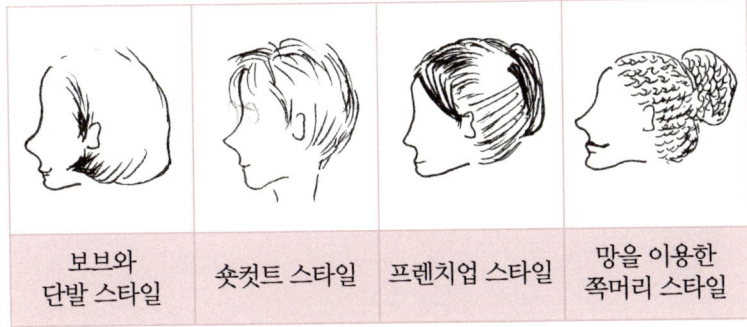

| 보브와 단발 스타일 | 숏컷트 스타일 | 프렌치업 스타일 | 망을 이용한 쪽머리 스타일 |

② 메이크업: 좌우 대칭과 색감의 조화가 있는 화장이 기본이다. 자신의 얼굴 비율과 배치에 맞도록 입체감을 살려 정성스러운 화장을 한다. 회사 홈페이지에 모델 승무원이 화장을 한 모습이 스탠다드라고 할 수 있다.

- 피부 화장: 자신의 피부톤과 목의 색상이 일치하도록 메이크업 베이스와 파운데이션으로 명암을 준다.
- 아이새도는 유니폼이나 면접 복장과 어울리는 색상으로 한다.
  얼굴이 흰 사람은 연한 파스텔톤이 어울리고, 어둡고 노란 끼가 있는 사람은 골드, 브라운, 오렌지 계열이 어울린다. 싱가포르 항공사와 중동 항공사의 경우 진한 색의 새도, 스모키 화장법도 어울린다.
- 눈썹은 둥글거나 눈썹 산이 굵어 인상이 강해 보이지 않게 일자눈썹으로 부드러운 인상을 만든다. 외국 항공사, 특히 싱가포르 항공사와 중동의 항공사는 눈썹 산에 굴곡을 주어 개성 있는 모습을 나타내도 좋다.
- 볼 터치는 명암을 살려 표정이 잘 연출될 수 있도록 입체감을 살려 표현한다. 특히 얼굴이 둥근형이거나 사각형일 경우 갈색톤의 교정 색조를 턱 끝까지 사용하면 효과적이다.
- 마스카라는 검정이나 갈색으로 눈썹 숱을 풍성하게 하면 선하고 또렷한 이미지를 준다. 단 너무 진한 속눈썹은 피한다.
- 립스틱은 분홍, 코랄, 빨강색으로 유니폼 규정에 맞춘다. 조명과 면접 복장의 컬러를 고려하여 너무 튀거나 어두운 색상이 아닌 밝은 계열로 생기 있게 표현하는 것이 좋다.
- 손, 팔, 다리, 목에 있는 흉터는 컨실러로 가리고 가도록 한다.

③ Nail: 매니큐어를 바르는 것을 기본으로 한다.

손톱은 항상 청결하게 하고, 분홍, 빨강, 투명(손톱이 짧을 경우)의 프렌치 네일이 좋다.

④ 구두: 장식이 전혀 없는 검정 가죽 소재의 하이힐을 기본으로 한다. 굽은 5cm 이상 10cm 미만으로 한다. 너무 높은 구두를 신게 되면 다리 모양이 벌어지거나 워킹을 할 때 부자연스러우므로 자신에게 맞는 안정적인 굽을 선택한다. 나는 커피색 구두를 추천한다.

⑤ 액세서리: 장식이 없는 진주 귀걸이와 금 귀걸이 1세트 정도만 착용하는 것이 좋다.

반지는 양손에 1개씩 정도는 괜찮으며, 시계는 반드시 착용(검정이나 갈색의 가죽 끈, 메탈 소재로 장식이 화려하지 않은 것)한다.

Part 3. 준비는 끝! 이제는 실전이다

## 5. Elegance is an Attitude

'우아함은 태도에서 나온다.'

위의 문구는 두바이 사막을 가로질러 생긴 직진 도로 셰이크 자이드 로드(Sheikh Zayed Road)에 세워진 커다란 광고판 카피이다.

우아하고 품위 있는 태도는 승무원이 지녀야 할 필수 덕목으로, 사람 간의 관계, 특히 승무원과 고객의 관계는 태도에 의해 좌우되는 일이 많다.

나는 서비스 경험을 위해 인천 공항 출국장의 대한 항공 퍼스트 클래스 라운지에서 근무했다. 그래서인지 국내외 유명 인사들을 만날 기회가 많았다. 나는 친절을 서비스하는 특별한 직업을 통해 성공한 사람들을 밀도 높은 공간에서 가까이, 자주 만날 수 있었고, 그러다 보니 자연스럽게 성공한 사람들의 우아한 태도를 관찰할 수 있었다.

2001년 어느 날, 미국에서 성공한 사업가인 VIP 승객이 퍼스트클래스 라운지에 왔는데, 나는 그를 통해 태도에 대해 많은 것을 배웠다.

그는 손에 두꺼운 책을 들고 창가 자리에 조용히 앉아 있었다. 대부분 퍼스트 클래스 승객들은 미리 라운지에서 신문을 읽고 탑승하기에 기내에서는 신문을 달라고 하지 않는다는 것을 나는 알고 있었다.

늘 읽는 신문을 챙겨드리자, VIP 승객은 어떻게 알았느냐는 표정으로 나를 보더니 꿈이 무엇인지 물었다.

나는 "저는 외국 항공사 승무원이 되고 싶습니다."라고 말했다.

그는 "아, 그러시군요. 그렇다면 여기서 일하면서 경험한 특별한 서비스를 분석하고 새로운 아이디어를 기록해 보세요. 그리고 가고 싶은 항공사에 이력서와 함께 그 자료를 첨부하여 지원해 보면 어떨까요? 아니면 회사 대표에게 직접 편지를 쓰는 것도 한 방법이죠."라고 했다.

그는 나에게 그 이상의 꿈도 이룰 수 있을 거라며 격려를 해주었다. 그분에게서 성공한 사람들 특유의 포스가 느껴졌는데, 나는 이미 꿈을 이룬 사람처럼 그분에게 감사함을 느꼈다.

성공한 사람들은 직원에게 친절하다. 선문답 같은 질문을 던진 후, 경험에서 나오는 비범한 조언으로 사람들에게 동기부여를 한다.

나는 그와의 대화에서 나눈 아이디어를 실행하기로 했다. 관심을 가지니 관찰력이 생겼다. 표정, 말투, 패션, 식사 습관 등 사소하지만 그들은 태도가 달랐다. 선호하는 음료, 신문, 늘 앉는 자리에서 나타나는 규칙적인 행동 양식과 취향을 분석하여 라운지 서비스 매뉴얼을 제안했다. 도예 전공자답게 고객의 얼굴을 그림으로 그려 추가 정보들을 함께 적어 두었다. 라운지를 방문할 때마다 가족처럼 친근하게 맞이하는 것은 물론, 달라진 헤어스타일과 향수까지 섬세하게 알아보았다. 이심전심으로 통하는 서비스 감각을 터득했고 창의적인 센스를 인정받았다.

실제로 나의 경험을 바탕으로 한 자료를 작성하여 싱가포르 항공사 회장님에게 직접 우편으로 이력서와 함께 보냈다. 비록 답장은 없었지만 소중한 자산이 됐다.

라운지 근무를 하던 중에 만난 '중국견문록'을 쓴 한비야 작가 또한 마음에서 우러나는 진실한 태도로 내게 감동을 주었다.

한비야 작가는 빨간 중국 의상을 입고 웃는 모습의 책표지 이미지가 실제와 똑같아서 한눈에 알아봤다.

한비야 작가는 글로벌 인재가 되기 위해서는 외국어가 중요한 시대라고 했다. 젊을 때 무엇이든 도전하여 미래를 준비하라는 메시지가 또 다시 내 꿈에 제대로 불을 붙였다.

그 만남은 내 안에 잊기 어려운 인상으로 남았다. 내가 살아나가야 할 방향을 재확인한 기분이 들었다. 나는 출국장에서 비행기가 뜨고 내리는 것만 바라보다 세상을 향해 뛰쳐나갔다. 그동안 직장생활을 하며 모아온 월급을 꿈의 종자돈 삼아 중국과 호주로 떠났다. 해외 경험도 생기고, 언어 실력도 막강해졌다. 돌아와 승무원이 되는 미션을 이뤘다. 몇 년간의 비행을 했고 그 사이 두 곳의 항공사에 있었다.

2006년, 대학원 재학 중에 한비야 작가의 특강이 있어 참석했다. 강연 후 남아서 몇 년 전의 일을 이야기하며 꿈의 성장을 확인했다. 사람의 인연은 참 소중하다.

그 어떤 자리에서나 태도보다 중요한 것은 없다. 사람은 누구나 상대의 태도를 보고 그 사람을 평가한다. 면접관의 눈은 지원자의 표정과 눈짓, 손짓, 몸짓을 빠르게 간파한다. 따라서 승무원이라는 직업에 어울리는 우아한 태도가 몸에 배도록 평소에 노력해야 한다.

기사를 요약할 때는 자신이 이해한 내용을 쉽게 풀어서 설명하면 된다. 혹시 내용을 잘 파악할 수 없다면 주제가 대부분 글의 처음이나 끝에 있다는 것을 알아 두기 바란다. 주제로 보이는 문장을 자신이 이해한 동의어로 바꿔서 말하는 것이 팁이다.

예를 들어 중동 지역의 전쟁으로 인한 피해에 대한 내용이라면 발표할 때 문제점과 희생자라고 이야기할 수 있다. 우리가 접해 보지 않은 세계의 뉴스나 항공 소식이 있을 수 있으니 완전하게 이해하지 못해도 괜찮다.

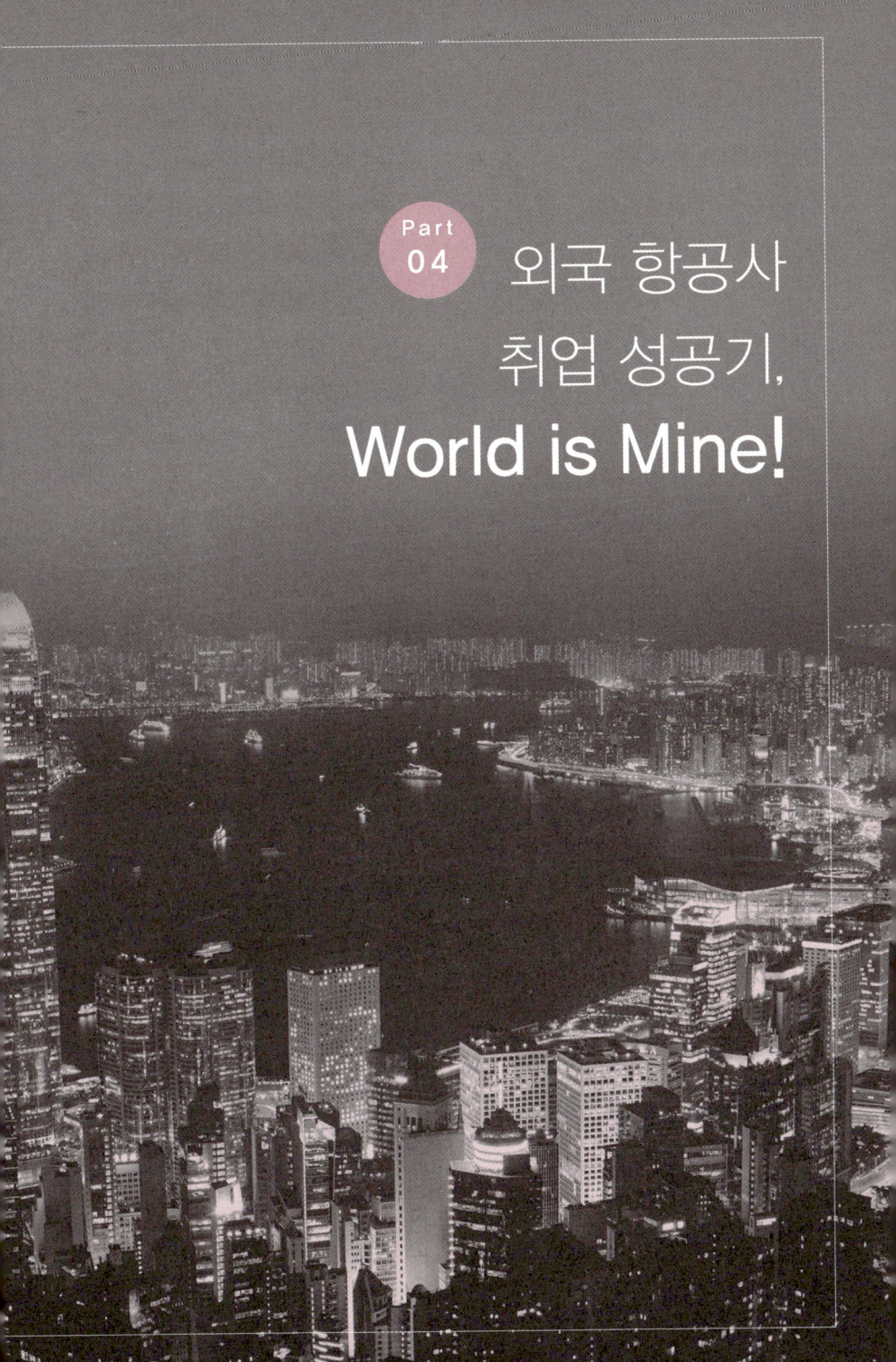

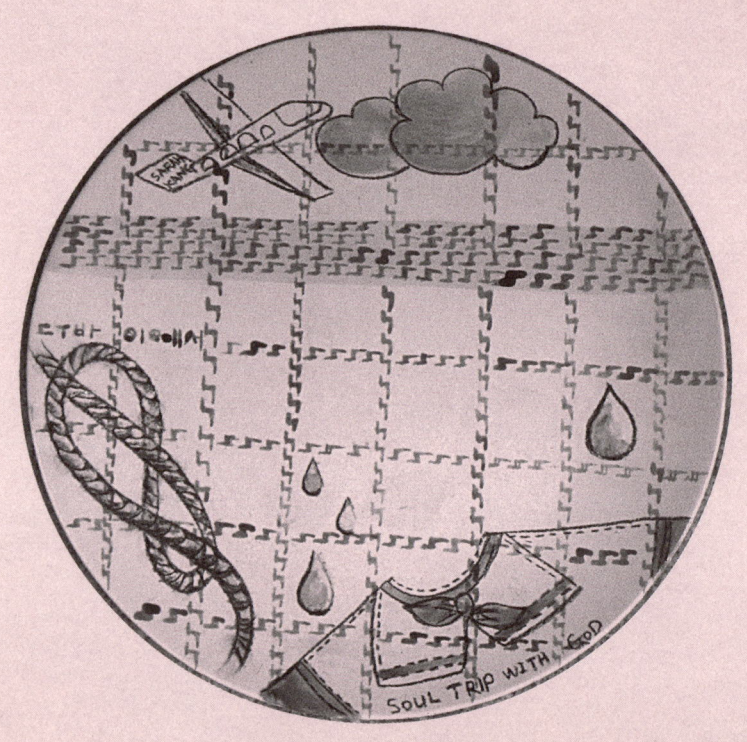

세라의 비행접시 4: Soul Trip

## 1. 선박회사에서 베트남 항공사로 이직한 S의 합격 스토리

기사 읽기 & 요약
(Article Reading & Summary) 면접

20대 후반의 듬직한 부산 사나이 S는 선박 회사를 다녔다. 그는 항공사 취업을 위해 서울로 와서 본격적인 준비를 시작했다.

학창 시절 유럽 배낭여행을 다녀온 경험 외에는 어학연수도 가지 않았다. S는 순수 국내파인데도 토익 점수는 물론 영어에 두려움이 없고, 회화 실력도 상당히 좋다. 무엇보다 도전과 패기가 넘치는 청년이다. 평소에 독서를 많이 해서 자신의 이야기를 생각해내고 전개하는 방법도 탁월하고, 즉흥 질문에도 요점을 잘 파악하여 프리토킹(Free Talking)이 가능했다.

S는 외국 항공사 면접이 어떻게 이루어지는지, 무엇을 물어보는지, 요즘의 경향을 몰라서 막연해 했다. 그는 특정한 것을 공부하기보다는

전체적으로 나오는 면접 유형을 다양하게 준비했다.

그 중에서 베트남 항공사 1차 면접에서 우리가 준비한 것 중에 기사 읽기& 요약(Article Reading & Summary)이 나왔다.

그때는 면접관과 30cm도 안 되는 가까운 거리에 마주보고 앉아 면접관이 신문 기사와 항공사 관련 소식을 스크랩한 아티클을 주면 소리 내어 읽는다. 그 후 내용을 요약한다. 면접에 출제되는 내용은 매번 바뀌기 때문에 짐작을 할 수 없다. 그래서 영어 리딩이 중요하다.

기사를 요약할 때는 자신이 이해한 내용을 쉽게 풀어서 설명하면 된다. 혹시 내용을 잘 파악할 수 없다면 주제가 대부분 글의 처음이나 끝에 있다는 것을 알아두기 바란다. 주제로 보이는 문장을 자신이 이해한 동의어로 바꿔서 말하는 것이 팁이다.

예를 들어 중동 지역의 전쟁으로 인한 피해에 대한 내용이라면 발표할 때 문제점과 희생자라고 이야기할 수 있다. 우리가 접해 보지 않은 세계의 뉴스나 항공 소식이 있을 수 있으니 완전하게 이해하지 못해도 괜찮다.

S는 합격 통보를 받은 후 너무 기뻐서 나에게 먼저 연락을 했다.

"선생님, 진짜 고마워요, 다른 항공사 면접에 계속 떨어져서 그냥 조선소 용접사에 지원해서 거기에 가야 하지 않을까 생각하고 있었어요. 근데 베트남 항공사 면접을 보는데 다행히 선생님과 함께 준비한 게 나와서 실전에 응용해서 합격했어요. 만약 그런 수업시간이 없었다면 제가 원하는 일을 하지 못하고 용접공이 되었을 거예요. 최고의 인생수업이었어요. 선생님은 누군가가 값을 매길 수 없는 가치 있는 일을 하고 계세요. 자부심을 느끼시길 바라요. 제가 그 증거니까요."

가슴속에서 뜨거운 것이 눈물이 되어 나왔다. 보람과 사명감을 느꼈다.

S는 새로운 일에 도전할 때. 현실에 안주하고 싶어지더라도 도전을 포기하지 말라고 전한다. 나도 학생들을 포기할 수가 없다. 그들의 무한한 미래를 내가 어떻게 측량할 수 있을까. 나는 내가 이루었던 꿈이 다시 누군가의 꿈이 되기를 바라는, 꿈을 돕는 사람이다.

## 2. 호텔리어 L의 에미레이트 승무원 합격 스토리

### 사진 묘사(Picture Description)로 합격의 문을 열다

30대 중반의 L은 호텔관광학과를 졸업한 미모의 호텔리어로, 접어두었던 승무원의 꿈이 생각나서 뒤늦게 승무원 면접을 준비한 케이스다. 승무원 시험에서 사진 묘사(Picture Description)로 합격했다.

내가 비즈니스 영어 회화 고급 과정과 영어 면접 강의를 하고 있을 때 만난 L은 외국에서 살 수 있는 외국 항공사만을 목표로 하고 있었다.

'어떤 학원, 어떤 스터디 모임이 좋더라.' 하는 정보는 인터넷을 통해 금방 찾을 수 있어서 어렵지 않았지만, 현재 진행되고 있는 여러 수업들을 들어 보았지만 L은 답을 찾을 수 없었다고 한다. 나만을 위한 이야기로 답변을 준비하고 싶었던 L은 답답함을 느꼈다고 했다. 혼자 준비를 하자니 친구들 모두 학원에 다니거나 과외를 하니 뒤처질까 봐 불안했고, 어떻게 준비해야 할지 몰라 방황을 하던 차에 나를 만났다고 했다.

L은 호텔리어 출신으로 서비스 경험도 있고 영어도 잘한다. 외국 항공사에서 원하는 스타일의 면접 기술을 익히고 본격적으로 실전 면접을 준비하길 원했다.

우리는 면접 수업 중에 그림 묘사(Picture Description)를 했다.

Picture Description은 토익 듣기 평가에 나오는 그림 묘사하기를 연상하면 쉽다. 면접관이 다양한 사진, 그림을 보여주면 1분 정도의 길이에 맞추어 사실+느낌+생각을 섞어서 스토리텔링을 한다. 여기서 지원자의 성향과 승무원으로서의 자질을 파악하기 때문에 중요하다.

긍정적인 사람이면 무엇을 보던 긍정적으로 표현할 것이고, 부정적인 사람이면 사물과 현상을 어둡게 표현하게 된다.

그림 묘사에는 3가지 방법이 있다.

① 사실적 묘사: 객관적으로 보이는 그대로 묘사하기
Sky is blue and tree is green.

② 주관적 묘사: 그림을 보고 느낌과 생각을 주관적으로 묘사하기
I feel like so fresh and relax when I see this park.

③ 창의적 묘사: 상상력을 발휘하여 그림을 보고 연상되는 나만의

추억과 기억에 대해 묘사한다.

 This picture remind me when I was travelling in Sydney. so I could imagine I am in front of Opera House. It was memorable experience.

 나의 특별한 요령은 이 중에서 2가지를 섞어 말하여 이성과 감성을 조화롭게 표현하는 것이다.

 L은 면접에서 사실 묘사와 창의적 묘사를 통해 풍부한 사진 묘사를 했다고 한다. 차분하고 밝은 성품이 잘 전달되었고, 논리적이고 조리 있는 면접으로 좋은 인상을 받아 최종 면접까지 갔다. 최종 면접에서는 호텔리어와 승무원의 같은 점과 차이점에 대해 물어봤다고 한다. 그동안 근무하면서 '승무원이 된다면 이걸 응용해 봐야지'라고 늘 생각했던 다양한 아이디어들을 즐겁게 이야기했단다.

 승무원은 비행시간 동안에만 승객을 만난다. 서비스 시간은 정해져 있고, 승객의 수는 많기 때문에 승객 개인에게 제공되는 서비스 시간이 짧다. 그래서 L은 시간 대비 고밀도 수준의 서비스를 했던 자신의 경험담으로 최종 면접을 통과했다.

## 3. 공항 지상직에서 승무원으로 이직한 H의 합격 스토리

**완벽한 영문 이력서와
자기 소개서 합격의 비결**

H는 곧 30살을 앞두고 공항에서 근무를 하고 있었다. 원래 목표는 외항사 승무원이었는데 자꾸만 떨어져서 우선 공항에 취업을 했다고 한다.

H는 나이 제한이 있는 국내 항공사보다는 자질과 실력을 중심으로 선발하는 외국 항공사로 가야 할 마지막 타이밍이라는 생각을 하게 되었다.

그녀는 스펙이 좋지 않아 한국에서 차별을 받으며 살기보다는 외국으로 나가서 자유롭게 살고 싶었다고 한다.

공항에서 근무한 경험과 CRS(Computer Reservation System), DCS(Departure Control System) 자격증도 준비되었다. 그런데 문제는 서류전형이었다. 면접을 볼 기회도 없이 계속적으로 떨어지다 보니 서류 전형을 통과하는 방법을 찾기 위해 상담을 하러 왔다.

H의 이력서와 자기 소개서를 보니 문제의 원인이 금방 파악되었다. 우선 포맷과 글씨체, 간격이 매력적이지 않았다. 또한 내용과 문법이 틀에 박히고 식상했다. 표현하고 싶은 말이 있으나 단어 선정이 적절하지 않아 번역기에서 나온 표현처럼 어색한 느낌이다.

나는 항공사에서 자주 사용하는 단어와 비즈니스 영어를 이용한 작문법을 써서 이력서와 자기 소개서를 수정하도록 H를 지도했다.

H에게 우선 자신의 생각을 행간까지 읽어내어 영어로 표현하는 방법부터 차근히 가르쳐 주었다.

이력서와 자기 소개서를 수정한 H는 기회가 왔을 때 다시 서류를 제출했고, 마침내 서류 전형을 100% 통과하는 기쁨을 누리게 되었다. 그러다 보니 면접 기회가 늘어났다. 평소 모의 면접을 통해 완벽한 준비를 한 덕분에 1차 면접에서 자기소개와 취미에 대한 질문을 받았는데 당황하지 않고 자연스럽게 말할 수 있었다고 한다.

나는 모의 면접 때 입장하는 순간부터 자리에 앉는 동작까지 디테일을 살려 수강생을 지도한다. 손과 다리 모양, 동작까지 모두가 다 중요하기 때문이다.

H는 앉아서 보는 2차 면접에서 매너 있는 동작으로 면접의 디테일을 살린 결과, 임원 면접까지 가게 되었다. 면접관은 H에게 승무원의 장점과 단점에 대해 물어보았는데 면접관과 1:1로 보는 것이 오히려

대화하듯 편안한 분위기였다고 한다. 미소가 저절로 나왔단다.

긴장 속에 걱정과 두려움에 떨기보다 즐기기를 조언한다.
H는 최종 합격한 외국 항공사 면접을 통해 '준비된 대답만이 아름답다'는 명언이 참이라는 사실을 다시 한 번 깨달았다고 한다.

## 4. 열차 승무원에서 항공사 승무원이 된 K의 합격 스토리

### 그룹 디스커션으로 합격하다

K는 음대 성악과 출신으로 30대의 열차 승무원이었다.

내가 에미레이트 특강을 했을 때 만난 수많은 학생 중 한명이었는데, 1년이 지나서 다시 나를 찾아왔다.

K는 그동안 기차에서 근무하며 외국 항공사 채용 공고가 나면 시험을 보았지만 매번 떨어졌다고 한다. 외국 항공사 승무원을 바라보고 막연하게 준비하는 것이 이제는 너무 힘이 들고 지쳐서 눈물이 난다고 내게 고백했다.

나는 이직을 하고 싶어서 다른 직장을 다니며 승무원 면접 준비를 하던 예전의 내 모습이 떠올랐다.

K와 상담을 진행하며 진단을 해보니, K의 영어 발음은 콩글리시에 가까웠다. 영어를 구사하기는 하지만 문법이 너무 많이 잘못되어서 나와 영어 공부를 스파르타식으로 다시 해야 했다. K는 학창시절 이탈

리아어로 된 오페라 대사를 외우던 실력이 있어서 암기가 장점이라고 했다.

'그래 마인드가 됐다. 합격시켜 보자.'

나는 K와 기출문제 답변을 정리했다. 질문의 요지에 딱 맞는 아이디어를 생각하고 그에 맞는 스토리텔링을 작성하면 내가 검토한다. 실제 면접처럼 외워서 발음과 톤까지 연습을 했다.

K는 기차에서 외국인을 만나면 면접에 나오는 기출문제를 활용하여 대화를 나누었고 준비된 답변을 자연스럽게 준비했다.

K는 마침내 에미레이트 면접을 보러 가게 되었다. 어렵다는 한국인 1차 면접만 합격하면 2차는 현지인 면접의 그룹 토의이므로, 선생님과 함께 준비한 그룹 토의는 문제없다고 K는 자신감을 내비쳤다.

다행스럽게도 K는 1차 합격을 했다. 2차 면접에서 그룹 토의를 하는 동안 K는 리더 역할을 했던 내 이야기가 생각났다고 했다. 밝고 적극적으로 참여하여 리더로서 주로 듣는 역할을 하면서 초반과 마지막에 분위기를 주도했다고 한다. 비록 발음이 완벽하진 않아도 자신감 있게 영어를 구사하여 팀원들과 조화를 이루었다고 했다.

최종 면접에서는 면접관이 열차 승무원으로 일하면서 힘들었던 점을 이야기해 보라고 해서 K는 꿈 때문에 현재 일에 만족을 못했던 시간이 오히려 간절한 원동력이 됨을 깨달았다는 답을 했다고 한다.

K는 면접관의 모든 질문들이 자신의 삶을 모두 스치고 지나간 이야기들이었다며, 자신의 간절함이 노력과 부합하여 합격했다고 신기함

을 토로했다. 또 그 무엇보다 면접을 준비하는 동안 영어가 정말 많이 늘어서 무척 기쁘다고 했다.

    K는 완벽하게 준비되고 잘난 사람만이 합격하는 것이 아니란 걸 알았다며, 자신의 인생을 사랑하고 발전을 위해 노력하면 꿈은 꼭 이루어진다는 희망의 메시지를 전해 왔다.

## 5. 열정의 취업 준비생
### M의 에미레이트 합격 스토리

**영어 에세이 수업으로 합격하다**

　수업시간 내내 눈을 초롱초롱 빛내며, 레이저가 뿜어져 나올 만큼 강의에 집중하는 M은 20대 초반의 승무원 지망생이었다.

　M은 지방에서 서울로 올라와 고시원과 친척집을 오가며 외국 항공사 승무원 면접 준비를 했다.

　M은 몇 년 전, 내가 에미레이트에 재입사하기 며칠 전까지 근무했던 강남 모 승무원 학원에서 만났다. M은 본인 스스로 스펙이 부족하고 외모도 평범하다고 생각했지만 나는 그녀에게서 끈질긴 집념과 성공에 대한 열정을 보았다.

　M은 영어가 문제였다. 회화와 작문이 잘 되지 않았기 때문에 걱정을 많이 했다. 영어로 면접을 볼 때, 센스 있고 감동적으로 말해야 하는데 입을 뗄 수 없다고 한다.

　M은 외국 항공사 승무원이 되어 외국으로 나가는 친구들이 부럽다

며 눈물을 글썽였다. 다른 사람들은 어학연수, 교환 학생, 해외여행 등을 통해 영어를 잘하는데 자신은 외국으로 나가 본 적이 없다고 했다.

나는 M에게 자신의 콩글리시를 인정하면 당당해질 수 있다고 말하며, 어학연수를 가지 않아도 프리토킹을 할 수 있다는 것을 강조했다.
영어를 잘하는 데는 자신감 있는 자세가 필요하다. 자기가 하고 싶은 말을 거침없이 하는 태도 말이다. 기본기를 갖추고 연습을 제대로 하겠다는 결심만 확고하면 한국에서 회사를 다니면서도 영어가 늘 수 있다. 해외에 근무하면서도 영어를 자유롭게 사용할 수 있고 불안해하지 않고 독립적으로 살아 갈 수 있다.

영어 실력을 높이기 위해 나의 B.E.S.T 방법이 동원되었다.
M은 Brainstorming, English, Storytelling, Test의 4단계를 통해 기초부터 다졌다.
브레인스토밍을 통해 내용을 구성하고 영작하여 스토리텔링으로 생각의 시각화가 이루어지면 답변이 완성된다. 나의 BEST 방법을 제대로 전수받은 M은 자신의 삶이 얼마나 소중한지를 깨닫게 하는 브레인스토밍부터 영어로 스토리텔링해서 면접에 이르기까지 준비를 철저히 해나가며 나와 약속을 했다.
"선생님! 꼭 두바이로 따라 갈게요. 두바이에서 만나요."
그 사이 나는 강사에서 다시 두바이로 세 번째 입사를 하게 되었다. 마지막 수업에서 M은 함께 커피를 마시자고 했다. 나는 M이 꼭 승무원이 되기를 간절한 마음으로 바랐다.

일 년 후, 두바이 한인교회에 갔는데 누군가 내게 인사를 건넸다.

"선생니이이이임~~~!!!"

M이었다.

정말 약속대로 열사의 나라 두바이로 온 것이다. M은 내가 두바이로 떠난 후에도 계속 피나는 연습을 했다고 한다. 실력을 끌어올려 마침내 에미레이트 항공사 면접시험에 합격했다고 한다. 역시 내가 본 대로 M의 집념과 끈기는 정말 대단했다.

전 세계 사람들이 외국어로 말하며 살아가고 있다. 누구나 영어 회화를 할 수 있다는 것이 이미 증명되어 있는 것이다. 영어를 구사한다는 것은 재능의 문제가 아니다. 외국어에 대한 고정관념을 깨뜨리기만 하면 된다. 나이가 많아서 영어를 할 수 없다는 건 핑계에 불과하다.

영어로 의사소통을 하는 환경이 아니어서 아무리 공부해도 실력이 늘지 않는다고 많은 사람들이 하소연한다. 그러나 명확한 목표가 있으면 이야기가 달라진다. 조급한 마음을 버리고 의사소통의 도구로, 나의 꿈을 이루어줄 기회로 생각하며 목표를 이루겠다는 마음가짐이 필요하다. M은 그와 같은 자세로 결국 자신의 꿈을 이루었다.

A380을 타고 내 자리로 돌아왔다. 거대한 더블 데커(Double Decker) 비행기는 8년간의 비행 동안 쌓아둔 많은 추억을 간직한 나와 함께 두꺼운 구름을 힘차게 뚫고 통과했다. 그리고 인천 공항에 이제 막 착륙하려 한다. 착륙 전 의례의식처럼 눈을 감고 기도를 한다. 나의 간절함이 이루어질 것만 같은 순간이다. 촛불을 끄고 소원을 빌기 직전 그 잠깐의 찰라와 같다. 나는 무엇을 희망하며 한국에 돌아왔는가. 앞으로 내가 오래도록 살아갈 이곳을 비행기 창문으로 내다본다.

# 비행 어게인

세라의 비행접시 5: Hello Tomorrow

# 1. 나의 첫 사랑 에미레이트,
## Let's Keep discovering

### 중국어, 진작 하길 잘했어

"엄마, 나 공항 라운지일 그만두고 중국으로 어학연수 갈래요. 이제는 중국어가 필수래요."

"영어를 더 제대로 해야지, 또 무슨 중국어니?"

난 이미 청도로 중국어 어학연수를 가기로 마음을 먹었다. 공항에서 근무하다 만난 한비야 작가님과 대화를 하면서 앞으로 국제적인 인재가 되려면 외국어가 더욱 중요해진다는 사실을 깨닫고 곧바로 실천하기로 했다.

비행기 표를 끊어놓고 이제 출국만을 앞둔 하루 전날, 엄마는 지금이라도 다시 생각할 시간이 있으니 중국에 가는 것을 고려해 보라고 하셨다. 아침 8시 비행기라서 6시까지는 가야 하는데, 난 한숨도 못 자고 정말 가지 말아야 하나 고민을 했다. 그래도 왠지 가야 할 것 같았다. 밤새 뒤척이다 통통 부은 눈으로 아침 일찍 공항으로 향했다.

늘 내가 하려는 모든 새로운 것에 지지와 응원을 해주던 엄마가 극구 만류하는 걸 뿌리치고 먼 길을 떠나게 되어 마음이 편치 않았다.

중국어가 아직은 대중화 되지 않고 영어가 더욱 강조되던 시기여서 더욱 그랬다. 나는 그래도 남들보다 한발이라도 앞서 미래를 준비하기로 마음을 다잡았다.

중국 청도 대학교에 도착해서 1학기 등록을 했는데, 중국어 1, 2, 3, 4를 겨우 알고 와서 기초반부터 시작해도 어려웠다. 기초도 없이 바로 중국어 어학연수를 가니 중국인 선생님이 말하는 것을 알아들을 수 없었다. 수업 초기에 어려움을 겪었지만 워낙 적응을 잘하는 스타일이라 즐겁게 배우려고 중국 학생들과 어울리며 중국어에만 집중했다.

나는 외국인 유학생 기숙사를 나와서 현지 중국 학생들의 기숙사로 이사를 갔다. 그리고 청도 대학교의 영문과 수업을 들으며 중국 학생들과 즐거운 학교생활을 이어나갔다.

'언젠가 나의 중국어를 멋지게 써 먹을 일이 있겠지.'

그렇게 나는 중국어를 할 줄 알게 되었다. 한 학기를 마칠 무렵, 중국 한인 교회에서 만난 선교사님의 말씀에 은혜를 받은 나는 호주 유학을 가기로 결심했고, 몇 년 후에 내가 배운 모든 것을 써먹을 수 있는 천직을 드디어 만났다. 늘 제자리에만 머물러 있는 듯한 답답한 내 현실을 바꿔 줄 나의 천직, 그것이 내겐 해외 항공사 승무원이었다.

## 에미레이트 항공 첫 입사

처음 두바이에 도착했을 때 뜨거운 태양이 가장 먼저 나를 반겨 주었다.

중동이라는 곳은 너무나도 이국적인 신세계였다. 누군가 그랬다. 인생을 바꾸려면 가장 먼저 장소부터 변해야 한다고. 나는 내 인생이 달라지고 있음을 느끼기 시작했다.

에미레이트 본사와 트레이닝 컬리지(Training College)를 방문하고 나서야 에미레이트 항공사가 얼마나 크고 대단한 회사인지를 실감했다.

120여 개 국의 다른 나라 직원들과 함께 6주간의 비행 교육을 받으며 비행할 준비를 마쳤다.

얼마 후, 중국 상하이 노선 취항이 시작되었고, 그동안 갈고 닦은 나의 중국어 실력을 뽐낼 기회가 마침내 다가왔다. 중동의 건설 현장에서 근무하는 중국인 노동자들이 비행기에 단체로 탑승했고, 중국어를 쓰는 승객들과 영어를 쓰는 승무원들 사이에 의사소통이 제대로 이루어지지 않아 내가 나섰다. 내가 중국어로 업무를 할 수 있게 되다니. 놀랍게도 중국어가 들린다. 나는 아픈 승객에게는 간호사가 되었고, 입국 서류 작성 시에는 친절한 선생님이며, 서비스를 제대로 하는 인기 스타가 되었다.

나는 동료들이 승객들과 효과적으로 의사소통을 할 수 있도록 그들에게 기내 중국어 회화 메모를 적어 주었다. 그들은 비행기 갤리마다 메모지를 붙여놓고 업무에 적용했다.

어느 날, 기내식 서비스를 하려는데 승객들이 비행기 복도에 서 있는 나만 바라보고 있었다. 내가 식사를 권해도 괜찮다고 한다. 이유를 알고 보니 기내 음식은 사 먹는 것이라고 알고 있어서 돈을 아끼기 위해 서비스를 거부한 것이다.

기내 식사는 모두 비행기 표 값에 포함되었으니 식사를 하시라고 나는 트레이를 건넨다. 비행기에서 주는 음식과 식기들을 가족들에게 주고 싶다며 챙겨가는 승객도 있었다. 트레이를 꺼내려고 얼굴을 카트 안에 넣는데 눈물이 난다.

'나는 이들에게 꼭 필요한 사람이구나. 이와 같은 순간을 위해서 내가 그토록 힘들게 중국어를 배웠구나.'

사람들과 교감하고 소통하는 일이 내게 큰 의미와 보람을 주었다.

타국에서의 고된 노동을 잠시 내려놓고 오랜만에 고국으로 향하는 비행기에는 승객들의 지친 몸과 설레는 마음이 공존하고 있었다. 동양인인데 중국인은 아닌 것 같고, 어느 나라 사람인지를 가늠하느라 승객들이 나를 빤히 바라본다. 같은 동양인에게 동질감을 느끼며 외국에서 근무하는 그들의 마음이 느껴진다.

사람들에게 동기 부여를 하고 영감을 주고받으며 나의 내면이 날로 새로워져 갔다. 세상 사람들을 통해서 그동안 경험해 보지 못한 새로운 인생의 의미를 알아간다.

비행을 다녀와서 엄마에게 전화를 걸었다. 중국에 가야 할지 고민하던 그 날 밤을 떠올리며 중국 비행 이야기를 해드렸다. 엄마는 나를 무척 자랑스러워 하셨다. 무엇이든 배워 두면 정말 언젠가는 사용할 날이 있다. 언어와 국적을 떠나 마음까지 헤아리는 진정한 커뮤니케이션이 무엇인지 나는 상하이 노선을 통해 알게 되었다.

Let's keep discovering the world in my life!

## 2. 홍콩 항공으로의 이직

### 진정성 있는 리더십

나는 2007년부터 홍콩 항공에서 한국인 부사무장으로 근무했다. 어떤 비행에서 캐롤이라는 홍콩 승무원과 한 팀이 되었다. 그녀는 하얗고 차가운 얼음 공주 캐릭터다. 비행을 가기 전 브리핑에서부터 나와 시선을 마주치지 않고 말을 하지 않았다. 팽팽한 긴장감이 느껴져 함께 긴 시간의 비행을 하기에 불편했다.

나는 마음의 문을 먼저 열고 그녀에게 다가갔다.

"캐롤! 무슨 일 있니? 나랑 잠깐 이야기 좀 할까?"

우리는 갤리 안 점프싯(Jump Seat)에 나란히 앉아 대화를 나눴다.

"나 사실 영어를 못해. 동료들 앞에서 들통 날까 봐 일부러 너를 피했어."

캐롤은 외국인과 영어로 일하는 게 처음이라고 덧붙이며 조심스럽고 솔직하게 자신의 사정을 내게 들려주었다.

한국 노선이 생기고 한국인 승무원들이 오기 전에 홍콩 항공에는 외국인 동료가 없었다고 했다. 홍콩 항공은 한국인 1기로 선발된 11명 말고는 모두 홍콩 국적을 가진 직원들이었다.

캐롤은 항상 홍콩 동료들과 광둥어로 대화하며 일했기에 영어를 쓰지 않았다고 했다. 나도 한국 사람들과 있을 때는 영어로 말하지 않으니 이해할 수는 있었다. 그러나 인터내셔널 항공사에서는 영어가 공용어이다.

홍콩 항공이 국제 항공사로 커지면서 외국인 승객이 증가함에 따라 해당 국가 언어 서비스 제공을 위해 항공사는 외국인 승무원을 채용한다. 최근에는 전 노선에 투입되고 있다.

비행 업무는 협력이 필요한 일이다. 관계가 불편하면 팀워크가 깨진다. 불편한 사람과는 활발한 의사소통이 어려우므로 해결책을 찾기 위해 대화를 통해 마음을 열고 노력해야 한다.

나는 캐롤의 마음이 이해가 되었다. 첫 항공사인 에미레이트 항공에서 다국적 동료들과 영어를 쓰며 일하는 것이 한편으로는 즐거우면서도 적응이 어려웠던 일이 떠올랐기 때문이다.

매 비행마다 부사무장이나 사무장이 승무원들을 관찰하고 리포트를 작성 후, 피드백을 준다.

나는 비행 내내 실수할까 봐 눈치 보는 것이 정말 싫었다. 직업의식을 가지고 즐겁게 근무하는데 잘할 때는 칭찬을 하지 않고 실수하는 것만 지적하는 것이 속상했다.

그러나 직장에서 상사의 객관적인 피드백에 마음의 상처를 받아서는 절대로 안 된다.

"Do not take a personally."

피드백 후에 이루어지는 위로 같지 않은 위로였다.

난 그때 연약함과 취약함을 누구에게도 드러내고 싶지 않았다. 상대의 공격을 받을까 봐 미리 두려워했던 것이다. 충고를 들으면 '나만 그런가 뭐'라고 생각하며 상처를 받았었다. 단점을 깨달은 후, 나 자신과 나의 소중한 사람들이 가지고 있는 많은 것을 놓치고 있었다는 것을 담담하게 받아들일 수 있었다.

다양한 관점을 제시해주고 좋은 피드백을 통해 베테랑 승무원으로 성장해 나갈수록 내가 더 큰 세상에 기여할 수 있다는 확신이 생겼다. 나의 재능과 기술을 적극 활용할 수 있게 된 것이다.

"캐롤, 너에겐 첫 직장이 외국 항공사라 어려운 점이 많을 거야. 영어를 잘 못하는 건 오늘 비행에서 비밀로 할 테니 이제부터 나와 영어를 연습해 보자. 나도 홍콩 말 잘 못하잖아. 그렇다고 내가 부끄러워하니? 나를 언니라고 생각하고 뭐든지 다 이야기해. 나도 그랬어. 그리고 다음번 비행에서 만나면 그동안 내가 광둥어를 얼른 배울 테니 홍콩말로 대화해 보자. 그러니까, 너도 영어로 의사소통을 할 수 있도록 노력해 줘, 오케이?"

비행 이후에도 우리는 가끔 친구로 만나서 나는 영어를, 캐롤은 나에게 광둥어를 가르쳐 주었다. 전에 중국으로 어학연수를 갔었을 때, 중국 친구와 언어 교환했던 생각이 나서 캐롤에게 제안한 것이 우리의 관계 진전에 큰 도움이 되었다.

나는 중국 사람들과 관계를 맺으려면 시간이 걸린다는 것을 알고 있었다. 신뢰는 천천히 쌓이기 때문이다.

나는 결국 얼음 공주와 광둥어를 배우게 되었다. 안 그랬다면 같은 동양인들 사이에서 나 혼자 영어를 쓰면서 뱅뱅 겉도는 한국인 선배가 될 뻔했다.

그 후로 나의 광둥어가 유창해지기 시작했다. 사실 초기에는 거의 유치원생 수준이었기에 발음도 어설펐고, 노력하는 모습이 재미있어 보였을 것이다.

홍콩 승객들은 내가 자신들의 언어를 구사하는 걸 보고 신기해하며 좋아했다. 광둥어를 쓰면서 승객들과 소통하다 보니 무척 즐거워졌고 점차 실력도 늘었다. 언젠가 기분이 매우 좋아 비행기 안에서 살짝 춤을 췄는데 그때부터 홍콩 동료들에게 인기가 많아져 가족 같은 분위기가 되었다.

홍콩 항공에서 내가 특별히 배운 것이 있다. 그것은 바로 성공적인 팀을 이끄는 리더십은 신뢰를 바탕으로 이루어져야 하며, 진정성으로 다가가는 친밀감이 있어야 한다는 것이다.

그것이 일의 성과를 높인다.

단거리 비행에서 나는 호흡을 맞추며 최대한 빠르게 기내 서비스를 진행했다. 팀워크가 좋아 마음 맞는 사람들과 일을 하면 다른 팀원들이 무엇을 필요로 하는지 멀리서 눈빛만 봐도 다 알 수 있다.

서로를 배려하면 시너지 효과가 나서 비행이 놀이처럼 즐겁다. 여러 동료들과 다양한 팀을 경험하며 나는 점점 베테랑이 되어 갔다.

Work hard, Play hard.

## 3. 디어 마이 홍콩(Dear my HongKong)

어리석은 사람은 인연을 만나도 인연인 줄 알지 못하고
보통 사람은 인연인 줄 알아도 그것을 살리지 못하며
현명한 사람은 옷자락만 스쳐도 인연을 살릴 줄 안다.
살아가는 동안 인연은 매일 일어난다.
그것을 느낄 수 있는 육감을 지녀야 한다.
사람과의 인연도 있지만
눈에 보이는 모든 사물이 인연으로 엮여있다.

-피천득의 인연 중에서-

2007년 어느 날, 홍콩의 지하철 안에서 내가 탄 칸의 문이 열렸을 때 많이 본 사람이 탑승을 했다.
"어머! 알버트?! 나 세라야. 기억나지? 나 승무원이 돼서 홍콩에 살고 있어!"

　알버트는 2000년 구정 연휴에 우연히 알게 된 홍콩 사람이다. 난 인생의 전환점 앞에서 리셋(Reset)이라는 새 출발을 위해 어디든 떠나야만 했다. 복잡한 마음에 혹시 외로울까 봐 선택한 건 방콕/홍콩 여행사 단체 여행!

　이때는 가방을 싸서 훌쩍 비행기를 타는 습성이 생긴 시작점이기도 하다. 그 여행 이후 내 삶은 예측할 수 없는 주식차트의 파동처럼 변화무쌍한 모험을 시작하게 되었다.

　여행을 마치고 한국으로 돌아오는 비행기 안에서 알버트라는 홍콩 청년과 나란히 앉게 되었다. 비행시간은 4시간. 기내 식사 시간이 되어 자연스럽게 대화가 시작되었고, 서로 다른 언어를 사용해서 제대로 알아들을 수 없어 답답했던 우리는 노트에 영어를 써 가며, 또 그림까지 그려가면서 소통하게 되었다.

　친해질 만하니 한국 공항에 도착한다는 기내 방송이 나왔다. 도착이 그토록 아쉬웠던 적은 그때가 처음이었던 거 같다. 그는 '모리와 함께 한 화요일'이라는 영어책을 선물로 주며 '이 책을 다 읽게 되면 넌 굉장히 영어를 잘하게 될 거야'라고 말했다. 그 말이 주문처럼 내 마음에 남았다. 한동안 그 책은 책꽂이에 기념품처럼 꽂혀 있었다. 몇 년 만에 꺼내어 그 책을 다 읽었을 때쯤 나는 정말 중동에 있는 외국 항공사에 입사하게 되었다.

　그리고 다시 7년이란 시간이 흘렀다. 홍콩의 항공사가 처음으로 한국인을 채용한다는 공고가 났다. 늘 홍콩에서 살고 싶었던 나에게 드디어 기회가 온 것이다. 나는 꼭 합격해야만 했다. 여기에 모인 수

많은 지원자 중에서 내가 가장 절실하게 홍콩 항공에 가고 싶어 한다는 간절함과 절박함이 있었다. 비행이 너무 그리웠다. 홍콩이 나의 운명이라 믿으며 마음속에서 떠나보낸 적이 없었다. 항상 홍콩이라는 키워드에 눈과 귀와 마음이 열려 있으니 단서가 보였다.

홍콩 항공은 내 운명의 항공사이다. 당시 채용 인원은 경력직 1명이었는데 그 1명이 이미 30살인 바로 나였다. 난 홍콩 항공이라는 곳에 한국인 1기로 입사하였다. 실력의 차이가 꼭 합격의 요인만은 아니었다. 지원자들끼리 실력의 우열로 경쟁하는 것이 아니라, 꼭 들어가려고 작정한 사람이 풍기는 호감과 강한 의지로 결정된다. 승리는 결국 내 것이 되었다. 주식 상승곡선의 사자 등에 올라 탄 것처럼 기막힌 타이밍에 합류한 것이었다.

입사 후 나를 왜 뽑았는지 매니저에게 물어보았다. 1기 신입 승무원들의 언니 같은 역할을 해줄 사람으로 내가 가장 친근하고 따뜻한 사람 같았다고 했다. 면접 내내 진정성을 보여주려고 즐겁게 신나서 면접에 참여한 내 모습이 면접관들의 취향을 저격한 것이다.

이것은 소망을 이루려는 나의 노력에 온 우주가 도와준 그림인 것 같다. 사실 첫 홍콩 여행 이후로 수년 동안 승무원이 될 날만을 기다렸고, 홍콩을 상상하면서 준비했었다. 그랬기에 세월이 많이 지났는데도 알버트를 한눈에 알아봤다. 시간이 멈춘 듯 멍하니, 아니 자연스럽게 우리는 인사를 나눴다.

그리워하지만 못 만나게 되기도 하고, 일생을 못 잊으면서도 만나지 않고 살기도 하듯이 우린 그 후로 만난 적이 없다. 피천득 시인의 인연이란 글이 나의 추억 속으로도 들어왔다. 처음 가본 홍콩은 노래 가사처럼 별들이 소곤댔고, 난 운명처럼 첫눈에 반해 버렸다. 첫사랑은 사람이 될 수도 있고, 장소가 될 수도 있다. 단체 여행 중에 관광버스에서 탈출이라도 하듯 내려서 혼자 마음껏 돌아다니고 싶은 용기가 생겼을 때부터 여행자와 이방인 같은 삶이 예고되었던 듯하다. 그날 혼자 홍콩 섬 강가를 바라보며 다짐한 소망과 눈물은 그곳의 야경처럼 반짝반짝 빛나고 있다.

종종 힘들고 지칠 때면 훌쩍 비행기를 타고 홍콩에 가고 싶어진다. 홍콩 거리를 걷기만 해도, 숨만 쉬어도 기분이 좋다. 나는 사람들로 북적이고 활기가 있는 곳이 그리웠다. 두바이의 럭셔리한 쇼핑몰과 호텔 리조트 같은 웅장함으로도 채워지지 않는 것이 홍콩에는 있었다. 북적이지만 안정감이 드는 편안함 속에서 아기자기한 삶을 느끼고 싶었다.

두바이는 그런 곳이 아니다. 주로 승무원 동료들끼리 가족처럼 어울려 지내다 보니 인간관계가 단조롭거나 너무 밀착되어 있었다. 홍콩은 세계 각국의 다양한 사람들이 모여 북적대는 도시로 가슴이 설레어 참을 수가 없는 곳이다.

아메리카노를 마신 기분처럼 들썩이다 홍콩의 길거리를 걷다 보면 모든 것이 친밀하게 다가와 고향에 온 기분이다. 지금도 우리 집 현관문을 열면 신기루처럼 홍콩이 나타날 것만 같다.

이제는 한국에 대한 향수병은 없어졌지만 세상 그리움 타령이다.

나는 비행을 그만 둬야 외로움과 고립감이 끝날 거라고 생각했었다. 그리움과 향수병 중에 나는 그리움을 선택한 것이다. 세계 각국에 흩어져 있는 한국인들은 향수병을 선택하여 즐겁게 살기 위해 노력한다. 한국에 정착하기로 한 사람들은 나처럼 그리움을 추억하며 현실에 적응하느라 각자 몸부림을 치고 있다.

얼마 전 홍콩 항공사가 오랜만에 직원 채용을 한다는 소식을 들었다. 왠지 내가 다시 가야 할 것처럼 폭풍이 몰아치듯 감정이 출렁인다. 후회라는, 충격이 없는 소프트 랜딩(Soft Landing)을 했고, 이제 다른 삶을 살아보겠다고 내려놓았는데, 내 꿈이 탑승한 비행기는 아직도 착륙을 하지 못하고 어딘가로 항해 중일지도 모른다. 난 언제쯤 이 땅에 마음을 붙일 수 있을까? 이제 그만하면 됐다고, 안정감을 찾아 서울에서 살아갈 수 있을까? 익숙했던 관성처럼, 왠지 잡아끄는 중력처럼 내 마음의 나침반이 어딘가를 향해 미세하게 바르르 떨고 있는 듯하다.

'지금 너 행복하니?'라고 누군가 물으면 난 아직도 마음이 왔다 갔다 한다.

최근에는 주식 투자를 시작했다. 당연히 홍콩 주식이다. 젊은 날에는 외국 갈 일이 많았지만, 지금은 그 기회가 점차 사라지고 있다. 나이가 들수록 인연의 끈이 사라질까 봐 뭘 하든 한 발은 외국에 담그고 있으려는 것이다.

나의 행복에만 관심이 있던 내가 세계 경제를 걱정하며 공부를 하다가 어쩔 수 없이 홍콩에서 한국으로 돌아와야 했던 시대의 사정을 알게 되었다. 2008년 홍콩 경제 위기 때, 항공사의 내부 조정으로 권고 사직을 받았던 것을 경제학 측면에서 이해해 보았다. 서점에 가면 정치경제와 경영책 코너 근처에는 가지도 않던 내가 요즘엔 재밌어 하며 그 책들을 파고들고 있다. 나를 다시 새롭게 이끄는 홍콩에 대한 사랑은 끝나지 않는다.

주가가 심하게 빠져도 언젠가는 반등을 하듯이 10년 전 내가 다니던 항공사 또한 당시에는 어려웠지만 지금은 나 없이도 잘 돌아가고 있다.

## 4. Hello Tomorrow

비행기를 타면 높은 고도에서 압력을 받아 손과 발, 장기까지 부푼다.

나는 부작용으로 간이 부었는지 꿈도 같이 부풀어 터질 지경이 되었다. 인생의 다음 목적지를 준비하기 위해 이제 비행기에서 내려오려고 소프트 랜딩을 시도했다. 무엇보다 자기 계발의 시간이 필요했다.

2006년에 항공사를 퇴사한 후, 전공인 도예 공부를 더 하기 위해 도자 디자인 전공으로 대학원에 입학했다. 직장생활을 오래 하다가 학생이 되니 몸은 편했지만, 학비를 벌기 위해 일주일에 한 번씩 시립 미술관의 외국인 도예 수업 강사로 일했다. 외국인들에게 영어로 도예를 가르치고 있노라면 두바이에서 비행 없는 날마다 도자기를 만들던 세라믹 카페가 떠오르곤 했다.

한국에서 새롭게 자리를 잡기 위해 나의 무대를 마련해야 했다. 승무원 이후의 일상은 고단했다. 인맥도 실력도 없었고, 도움의 손을 내밀 곳을 찾기 어려웠다. 하루가 멀다 하고 비행기를 타고 돌아다니던 내가 서울에만 있으려니 답답해서 숨이 막혔다. 도전한 버킷 리스트를 대부분 이루어서 더 이상 미련이 없을 줄 알았으나 자꾸만 비행이 그리워졌다. 그동안 열사의 나라에서 햇빛을 비축하여 두었으니 어두운 시간이 올 때마다 꿀단지에서 추억을 하나씩 꺼내 먹으며 버티기로 했다.

주변 사람들은 한국으로 돌아온 나에게 축하한다며 인사를 건넨다. 나도 몇 달간은 좋다가 다시 마음이 시큰거렸다. 전직 승무원들, 고향을 떠나본 사람들, 이 세상의 이방인으로 살아가는 심정이 무엇인지 헤아리게 되었다. 국제적인 삶을 내려놓고 철저하게 현실을 맞닥뜨리고 적응해야 하는 것이 안정일까? 과연 전진일까?

'승무원 중독자'가 있다더니 그게 바로 나다. 석사 학위를 마치고 대학원을 졸업을 할 때쯤, 첫 직장이었던 에미레이트(Emirates Airlines)로 다시 돌아가고 싶었다. 마치 옛 연인에게 다시 기회를 달라고 하듯 타임머신을 타고 가서 잘못된 장면을 바꾸고 싶었다.

2006년 퇴사했을 때, 인사차 받아 두었던 매니저의 명함을 꺼내 5년 만에 다시 재입사 요청 이메일을 보냈다. 289844. 예전 사원번호를 자연스럽게 쓴다.

'너는 평생 스태프 넘버(Staff Number)를 절대 잊지 못할 거야.', 전 직장 상사의 말이 떠올랐다. 오랜 고민 끝에 이메일을 보냈으나 한 달 넘게 답장이 없었다. 좌절감과 기대감이 교차했다.

어느 날 새 메일 1통이 도착했다. 'Hello from Emirates', 에미레이트 인사과에서 보낸 것이었다.

이게 정말일까? 내 SOS에 답이 왔다니. 떨리는 손으로 정성스럽게 마우스를 천천히 내리며 한 글자 한 글자 집중해서 읽고 또 읽었다.

재입사 지원서 양식과 함께 그만둔 이유, 퇴사 후 한 일, 다시 오려는 이유가 무엇인지에 대해 지원서를 작성하라고 했다. 퇴사한 지가 오래되어 지원서와 서류 검토 후 신입과 같은 절차를 통해 다시 면접을 본단다. 그런데 언제, 어디서 면접을 본다는 다음 일정이 없다. 하염없이 기다려야 했다. 중동에 있을 때부터 안일함과 천하태평의 '인샬라' 마인드 때문에 일처리가 예정대로 진행되지 않는다는 걸 안다. 기다려야 풀리는 일이 많은 나라다. 애가 탄다.

지원서를 몇날 며칠 꼼꼼하게 작성하고, 에세이도 고심하며 썼다. 영어로 써야 해서 객관적으로 점검을 받고 싶었다. 걸을 때도, 버스를 탈 때도 완벽하게 잘 써서 제출하고 싶은 마음에 지혜를 짜냈다. 발을 동동 구르며 누가 제발 도와주기를 기도하며 서류를 들고 시립 미술관의 도예 교실로 갔다.

미술관 안에는 카페가 있었다. 주문과 대화에 모두 영어를 사용해야 하는 카페다. 수업보다 조금 일찍 도착해서 커피를 마시려고 들어갔는데, 외국인 혼자 앉아 있기에 말을 걸었다.

"Hello, How are you doing? My name is Sarah, nice to meet you. What are you doing here alone?"

"I am doing great. My name is John from Australia, I am an English teacher in this Cafe from today."

이게 타이밍이란 것이구나. 호주에서 온 존은 오늘부터 영어 카페의 강사가 되었단다. 그가 기분이 좋아 보인다.

"Really? Great! I have been studied in Sydney. by the way I have been looking for someone to help me. If you have a time, can you help me complete this application form, please?

내가 그의 나라에서 공부했다는 말에 공감대가 생겼다. 용기를 내어 영어로 쓴 지원서를 들이밀며 도움을 요청했다.

"Sure, of course!"

존은 벌써 손에 연필을 든다. 쿨하게 바로 지원서를 보자고 한다.

"You are my angel."

그는 오늘 나의 천사다.


내가 쓴 글을 같이 보면서 퇴사 후 어떻게 자기계발을 하며 지냈는지를 중심으로 대화를 나눴다. 그리고 회사의 입장에서 나의 재입사를 받아 주어야 하는 이유에 대해 임팩트 있게 작성했다. 호주에서 온 천사의 첨삭으로 지원서가 완성되었다.

얼마 후, 면접 수업 중에 한 학생이 에미레이트 오픈데이(Openday) 면접에 간다고 한다. 한국에서 몇 년 만에 채용 공고가 났다며 나에게 신이 나서 이것저것 묻는다.

'그럼 두바이에서 현지 면접관들이 오겠구나!'

무조건 그 면접에 가야 한다는 확신이 들었다. 아직 리조인(Rejoin) 일정에 관한 이메일을 기다리는 중이라 초대 메일(Invitation letter)을 받지 않았다. 가도 되는 건지 망설여졌다. 그래서 재입사 지원서와 그동안 주고받은 이메일을 가지고 가기로 했다. 면접 당일 새벽부터 벌떡 일어나 꽃단장을 하고 면접장으로 향했다.

　코엑스에 수천 명의 지원자들이 긴장된 모습으로 줄을 서 있다. 어디에 줄을 서야 하나 망설이는데, 신기하게도 승무원 학원 원장님이 눈에 띄어 달려갔다. 원장님은 내 상황 이야기를 듣자마자 목에 걸고 있던 면접장 패스를 주면서 "어머 선생님, 좋은 기회예요. 얼른 들어가 보세요.' 하셨다. 일이 되려니 모든 것이 합력하여 나를 도왔다.

　면접 진행자들에게 재입사 지원자라고 말한 후 내 서류를 주었다. 이름을 바로 불렀다. 나만 특별하게 지원자들을 뚫고 면접장에 들어갔다. 면접관들이 보였다.

　"Welcome back to Emirates! today is your interview day!"

　집에 돌아온 것을 환영하듯이 다정한 말에 감동이 밀려왔다.

　본격적인 면접이 모두 영어로 진행되었다.

　"오늘 입은 정장 잘 어울리네요."

　여자들의 관심 주제는 패션과 쇼핑이다.

　"감사합니다. 이 옷을 입을 때마다 좋은 일이 있었어요. 2004년도에 에미레이트에 합격할 때 입었던 옷인데, 이번에도 붙길 바라며 또 입고 왔어요."

　"See you soon."

　'다음에 또 만나자고?'

　1차 면접이 합격임을 느꼈다. 역시 내 예상이 맞았다. 1차 합격 통보를 받고 외국으로 탈출한다는 희망에 가득 찼다. 그 에너지로 2차에서도 여유 있게 합격했고, 재입사에 성공했다.

　입사를 위해 출국을 앞두고 꿈을 꾸었다. 나는 큰 갈색 나무 현관문을 열고 들어갔다. 전에 두바이에서 같이 살았던 한국 룸메이트 언니가 은쟁반에 카레라이스를 담아 대접해준다. 한국식 3분 카레다.

　꿈에서 본 곳은 2006년 퇴사할 당시 살았던 알가후드 'G block'이었다. 재입사를 결정하면서 마음이 설레고 불안했다. 경험상 숙소의 위치가 생활방식을 좌우하므로 내겐 중요한 문제였다.

　다음날 숙소가 발표됐다. 꿈이 워낙 선명해서 이미 내가 살게 될 곳을 아는 것처럼 차분하게 emirates.com에 로그인을 했다. 채용 프로세스에 다음 단계의 새로운 소식이 도착했다. 숙소 배정이었다.

　'알가후드 G블락 226호.'

　이게 웬일인가. 꿈에서 본 곳이다! 두바이 알가후드 지역에 승무원 숙소가 A부터 G까지 있는데 그 중에서도 G라니 신기했다. 이렇게 나는 다시 에미레이트의 식구가 되었다.

　34살의 나이에 외국 항공사 승무원이 된다는 것. 당분간 또는 오래 한국을 떠나겠다는 결심이다. 인생은 용기의 양에 따라 줄어들거나 늘어난다고 했던 미국의 여류 소설가인 아니이스 닌의 말이 떠올랐다.

　길이 끝난 곳에서 길이 다시 시작되듯 떠나온 곳으로 나는 돌아왔다. 두바이에 도착하여 보니 어제처럼 익숙하다. 타임머신을 타고 온 듯 시간차가 느껴지지 않았다.

　나의 내일에게 인사를 해본다.

　'Hello Tomorrow.'

## 5. 로망 깨기

　로망은 깨라고 있는 것이다. 깨지 않아서 나중에 후회로 남기 전에 현실에서 이루고 싶었던 것이 있었다. 내가 태어난 70년대는 아메리칸 드림이 있어서 미국으로 가는 것이 최고였다. 당시 미국교포는 동경의 대상이었고, 미국 유학이 학생들에겐 로망이었다.
　꿈 많던 20대부터 40살이 넘어서도 미국으로 유학가기는 내 주제가가 되었다.
　23살, 나에겐 승무원이 성공의 발판이 되어줄 것만 같았다. 항공 승무원이란 직업은 한국을 벗어나게 해줄 막차 같은 희망이었다. 그게 안 되면 미국에 있는 이모에게 가겠다고 했더니 정말 오고 싶으면 각오를 하란다. 무슨 뜻이냐고 물어보니 미국에 무작정 와서 불법체류로 불안하게 사는 사람들이 많다며, 다시 한국으로 못 돌아갈 수도 있다는 말에 허황된 거품이 빠진 나는 정신을 차리고 취업 준비를 시작했다.
　승무원 채용 조건에는 '해외여행에 결격 사유가 없는 자'라고 나와 있다. 전 세계 여러 나라의 공항과 해당 국가에 머물러야 하는 직업을 가진 사람은 그런 상황이 되어서는 꿈을 이룰 수 없다.

나는 승무원이 되어 10년 동안 세계를 자유롭게 다녔고, 10년짜리 미국 관광비자도 3번이나 받아 미국을 편하게 드나들었다. 이렇듯 자기 자신의 가능성과 타협을 하고 제한하면 안 된다. 사회 경험이 없던 나는 세상을 무대로 살아가는 방법을 몰랐던 것이다. 외국 항공사로 가는 길을 알기 전까지는.

나의 다른 로망은 바이올린이다. 다시 태어나면 바이올리니스트가 되고 싶다고 생각한 적이 있다. 검정 정장을 입고 오케스트라 단원이 되어 바이올린을 어깨에 메고 다니는 모습을 보면 진짜 귀족 같았다. 나는 에미레이트 항공사에 입사를 하자마자 두바이에서 바이올린을 배웠다.

두바이의 낮 온도는 50도까지 올라간다. 지글지글 뜨거운 한낮에 바이올린 레슨을 받고 나오다 아무도 없는 거리에서 혼자 거리의 악사가 되어 본다. 길에서 오늘 배운 시노자키를 연습하고 있을 때, 멀리서 누군가 나를 향해 'Are you Korean?' 하고 묻는다. 그는 바이올린 소리를 따라 왔단다. 자신은 미국 캘리포니아 공대에서 박사 학위를 취득 중에 있는데, 두바이로 출장을 왔다고 소개했다. 내 주변에 유난히 미국에서 학교를 다녔다는 사람들이 많고, 나도 언젠가 상황이 되면 유학의 꿈이 있던 터라 잠시 미뤄두었던 로망이 꿈틀거렸다.

두바이에서 무슨 일을 하는지 묻기에 도예를 전공했지만 지금은 승무원이라고 했다. 그는 나를 신기해하면서도 아쉬운 표정이다. 나에게 이 직업은 신분 상승처럼 느껴졌는데, 어떤 사람들에게는 예술 전공을 못 살리고 다른 길을 가고 있는 것이 안타깝게 여겨지나 보다.

과연 난 미국으로 유학을 갈 수 있을까? 항공사에서 오래 일하면서도 그 생각이 내 머리에서 떠나질 않았다. 미련일까 미션일까 점검하고 싶었다.

휴가를 내어 미국 LA에 있는 UCLA로 학교 탐방을 가기로 했다. 관련 학과 교수를 만나 입학 상담을 할지도 모르니 나의 작품 포트폴리오와 각종 서류를 준비했다. LA의 날씨와 야자수는 두바이와 비슷했지만 낡고 황량한 느낌이 들었다. 어디를 가려해도 차를 타고 갈 정도로 멀어서 내게 만만한 동네가 아니었다. 나 혼자 또 어떻게 긴 외국 유학 생활을 할지 외로움에 막막해졌다. 미국 유학은 생각만큼 낭만적이지 않을 수도 있다는 생각이 들어서 그만 로망이 깨지고 말았다.

그런데 반가운 소식은 샌프란시스코는 LA라는 도시와 다르게 학교 분위기가 활기차고 아담하며 볼 것도 많단다. 오히려 내게 잘 맞을 것 같다는 유학원의 이야기다. 몇 달 후, 드디어 샌프란시스코에 마지막 로망 점검을 하러 갔다. 삶에서 꿈의 점검은 다음 목표를 위해 중요하기에 점검함이 옳다고 생각한다. 시간이 걸려도 확신을 가져야 움직임이 확실하다.

'I left my heart in San Francisco~~', 이 노래가 나를 부르는 것 같았다. 거기서 왠지 좋은 인연을 만날 것만 같은 새 삶의 기대감이 느껴진다. 바로 버클리대학교(UC Berkely)와 스텐포드 대학교(Stanford University)가 있는 곳이기 때문이다.

첫날에 스텐포드 대학교를 방문했다. 신입생 학교 투어를 신청하고 그 틈에 껴서 학교를 둘러보았다. 캠퍼스가 지적이고 고급스러웠다. 여기에 입학만 하게 된다면 낭만적인 인생의 반전이 있을 것만 같았다. 캠퍼스를 거닐며 복잡한 감정들에 휩싸여 여우의 신포도 이야기의 주인공이 되었다. 나는 시큰둥한 여우가 되어 부럽지만 안 그런 척했다.

대학교 기념품 가게에 가서 학교 로고가 담긴 후드티와 잔 스포츠(Jan Sport) 백팩을 샀다. 마치 그 학교 학생이 된 것처럼 그 날 하루는 온전히 이곳 학생이 되어 보기로 했다.

난 그래도 된다. 오래전부터 간절히 와보고 싶었던 곳에 이제야 왔으니. 비록 4시간 정도 이곳에 있었지만, 나는 4년 동안 스텐포드 대학교를 다닌 걸로 쳤다. 그걸로 미국 유학에 대한 로망을 깨기로 했다. 학생 식당에서 음식도 먹어보고, 캠퍼스 잔디에서 음료를 마시며 대학생들을 바라보며 깨달았다. 난 공부를 하고 싶은 게 아니라, 학교 타이틀과 스텐포드 학교에 다닌다는 그 말이 하고 싶었던 거였다.

다음날은 버클리 대학교를 방문했다. 학교 투어 중에 어떤 외국 학생이 영어로 '저리가라 스텐포드!'라고 했다. 나를 향한 소리였다. 아 그렇지! 내가 스텐포드 대학교에서 구입한 후드티를 입고 그 학교 책가방을 메고 남의 학교에 왔던 것이다.

여기도 한국의 연세대학교와 고려대학교처럼 스텐포드 대학교와 버클리 대학교가 서로 경쟁하고 있음을 몸소 체험했다. 그런데 내가 스텐포드 대학생인줄 알고 누군가가 퍼붓는 야유를 듣는 기분도 괜찮았다. 그리고 버클리 대학교 투어에 참여한 엄마와 아들이 있었는데, 그들은 나에게 스텐포드 대학교는 어떤지 물어보았다. 나의 탁월한 학교 기념품 쇼핑 덕에 기분 좋은 오해는 이벤트로 기억에 오래 남을 것이다.

과거에 이루지 못한 것이 늘 마음에 남아 언젠가 하려고 하면 할 수 없게 되기도 한다. 그러나 되지 않는 것에 계속 미련을 품으면 철없는 사람이 된다. 잠깐이지만 나는 그 학교 학생이 되어 보았다. 버클리 대학교 교정을 한 발짝 한 발짝 내디디며 내 마음의 소리를 듣는다. 너 정말 괜찮은 거냐고.

나는 A클래스 라이프를 살고 싶었다. B클래스쯤은 되는 것 같아서 노력하면 드라마틱한 삶을 살 수 있을 거라 믿었다. 내가 돌아본 세상은 넓고 멋졌다. 여행의 첫 날처럼 늘 나를 설레게 했지만 다 가질 수는 없다는 걸 알게 됐다.

세상을 둘러볼수록 인생에는 다양한 기회가 있다는 가능성을 목격한 덕분에 긍정적인 성향이 되었고, 힘든 순간도 희망으로 견딜 수 있었다.

로망은 깨야 없어진다. 승무원의 로망을 깨고 보니 내가 해야만 했던 운명 같은 일이었고, LA와 샌프란시스코의 학교 방문은 내가 오랫동안 아껴둔 삶의 이벤트로 그동안 나를 항상 설레게 했다. 공주가 마법에서 풀려나듯 나는 현재를 감사하며 선택한 삶을 살아가고 있다.

## 6. 외국에서 항공사 승무원으로 산다는 것

나는 오랜 기간을 외국에 있었다. 여러 곳을 더 많이 보고 싶었다. 아직 그런 일이 가능할 때, 기회가 되는 한 많은 경험을 해두고자 했다. 나에게는 외국에서 집으로 돌아오면 여행, 머무르면 해외 취업이다. 그런데 내 직장은 출장이 100%인 곳이라 머무르는 곳이 곧 집이 되었다.

나는 외국 직장에서 근무하는 동안 반은 그곳에 뿌리를 내렸다고 생각했다. 그러나 반은 언젠가 떠날 관광객으로서의 관점과 그곳에 사는 현지인의 관점으로 세계를 바라보았다.

외국에서 지낼 때의 매력은 관광객인 나에게 호의적이고 친절했다. 승무원 생활 덕분에 의사소통에는 문제가 없었기에 생활에 불편함 없이 즐거웠다. 내가 잘 모르는 나라, 그 어느 곳에서도 인간 냄새를 풍기며 안정된 긴장감을 느끼며 살아갈 준비가 늘 되어 있다.

## 고생하는 외국어

　외국어를 공부하면서 새로운 세계에 대한 정보가 열리고 접근성이 높아지는 경험을 했다. 언어의 자유로움으로 인해 세상에 대한 인식의 폭이 넓어지고 다양한 정보를 찾는데 도움이 되었다.
　외국 항공사에 근무하면서 120개국의 다양한 사람들과 의사소통을 하기 위해 영어는 필수 공통어가 되었다. 나의 경우 서류, 매뉴얼북, 업무를 영어로 사용하면서 영어 실력이 많이 늘었다. 호주 사람들을 만나면 호주 발음, 휴 그랜트를 생각나게 하는 영국 사람들을 만나면 영국 발음을 재미로 따라 했고, 미국 사람을 만나면 미국 억양을 흉내 내며 자유자재로 악센트를 달리 했다. 그러다 영어 발음과 억양은 여러 가지 요인에 의해 변화하며, 국적 불명의 영어가 되어가는 단점도 생겼다.
　유럽 사람들도 완벽한 영어를 하는 것이 아니었다. 동남아 사람들도 특유한 억양으로 문법에 맞는지 아닌지도 모르는 상태로 그냥 영어를 쓰고 있었고, 아프리카 사람들도 영어를 하지만, 내게는 그냥 '말을 하는구나'로 무슨 이야기를 하려는지 다 이해가 됐다. 이렇듯 어쩌면 다른 나라 사람들도 내가 하는 말을 이해할거란 자신감이 생겼다.
　세계 여러 나라의 언어로 사용되고 있는 영어는 정통성을 잃어버리고 온갖 문화의 색깔이 덧입혀져 소통 수단으로 쓰이고 있다. 영어야말로 세계 여러 곳에서 고생을 하고 있는 것이다.
　입장에 따라서는 만만히 보지 못하게 영어를 똑 부러지게 해야 할 때도 있고, 불리한 상황에서는 영어를 못하는 사람처럼 일부러 어눌

하게 말하기도 했다. 영어를 사용해도 소통이 안 되는 건 언어의 문제만은 아닐 것이다. 우리가 한국 사람들과 한국말을 해도 동상이몽처럼 서로 말이 안 통할 때가 있는 것처럼, 어디에 있어도 이방인이라고 느낄 때가 있다. 한국어가 능통하다고 해서 그 세계를 다 아는 것은 아니다. 당연히 누리는 것에 오히려 보지 못하는 점도 있다는 걸 외국에 나와서야 진지하게 한국의 삶에 대해 생각해본다. 일상 속에서도 매일이 여행인 삶을 살기로 하며.

## 착륙 Landing

나는 38살이었다. A380을 타고 내 자리로 돌아왔다. 거대한 더블데커(Double Decker) 비행기는 8년간의 비행 동안 쌓아둔 많은 추억을 간직한 나와 함께 두꺼운 구름을 힘차게 뚫고 통과했다. 그리고 인천 공항에 이제 막 착륙하려 한다. 착륙 전 의례의식처럼 눈을 감고 기도를 한다. 나의 간절함이 이루어질 것만 같은 순간이다. 촛불을 끄고 소원을 빌기 직전 그 잠깐의 찰라와 같다. 나는 무엇을 희망하며 한국에 돌아왔는가. 앞으로 내가 오래도록 살아갈 이곳을 비행기 창문으로 내다본다. 그날따라 날씨는 왜 그런 건지 밋밋한 공항 건물이 침침하고 건조하게 보였다. 마치 미국 화가 에드워드 호퍼(Edward Hopper)의 그림을 생각나게 했다.

비행기가 땅에 쿵하고 닿자마자 승객들은 아직 땅에서 움직이고 있는 비행기에서 일어난다. 여기저기서 카톡카톡 소리가 울리고 가방을 꺼내려는 움직임이 분주하다. 승무원들은 승객들에게 앉으라고 큰 소리로 외친다(비행기 엔진이 꺼지고 승무원들이 자신이 맡은 비행기 문을 Disarmed 모드로 바꾼 후 크로스 체크를 마쳐야 승객들은 자리에서 일어나 나갈 수 있다).

    그럼 이제 나도 안녕이다. 나를 두바이로 데려간 이 비행기가 나를 다시 집으로 데려다 주었다. 한국에 도착한 에미레이트 비행기 안에 신비한 중동의 음악이 흐른다. 이제부터 나는 승객으로 비행기를 타게 된다. 이 음악이 평소 비행기에서 내릴 때와는 다르게 내 맘을 격하게 흔들어 놓았다. 승객들이 다 내리고 난 뒤 나는 좀 더 천천히 내렸다. 그냥 그러고 싶었다.

    퇴사를 위한 고민과 준비 끝에 한국으로 돌아온 나의 두터운 마음을 어찌 말로 표현할 수 있을까. 나보다 먼저 퇴사하여 한국에 정착한 전 직장 동료들은 여행이나 비행이 끝날 때마다 한동안 적응하는 기분으로 살았다고 한다. 오랜 기간 떠나 있었기에 이 또한 치러야 할 감정의 여운들이다.

    나는 안정적인 삶을 위해 외국에서의 삶을 그만두어야 한다고 생각했다. 그러나 어떤 것이 안정적인 삶인지에 대한 정답은 없다. 모든 것이 답이다. 하나를 그만두면 그 반대의 것을 간절히 바라게 된다. 백 번 천 번을 떠나도 그게 안정적인 삶일 수가 있고, 아무리 한 장소에 터를 잡고 산다고 해도 그 삶이 안정되었다고 할 수는 없는 것이다. 인생을 어떻게 살 것인가에 대답은 무한하므로.

여행은 촬영 중인 영화
내 기억이 그 영화를 상영한다.

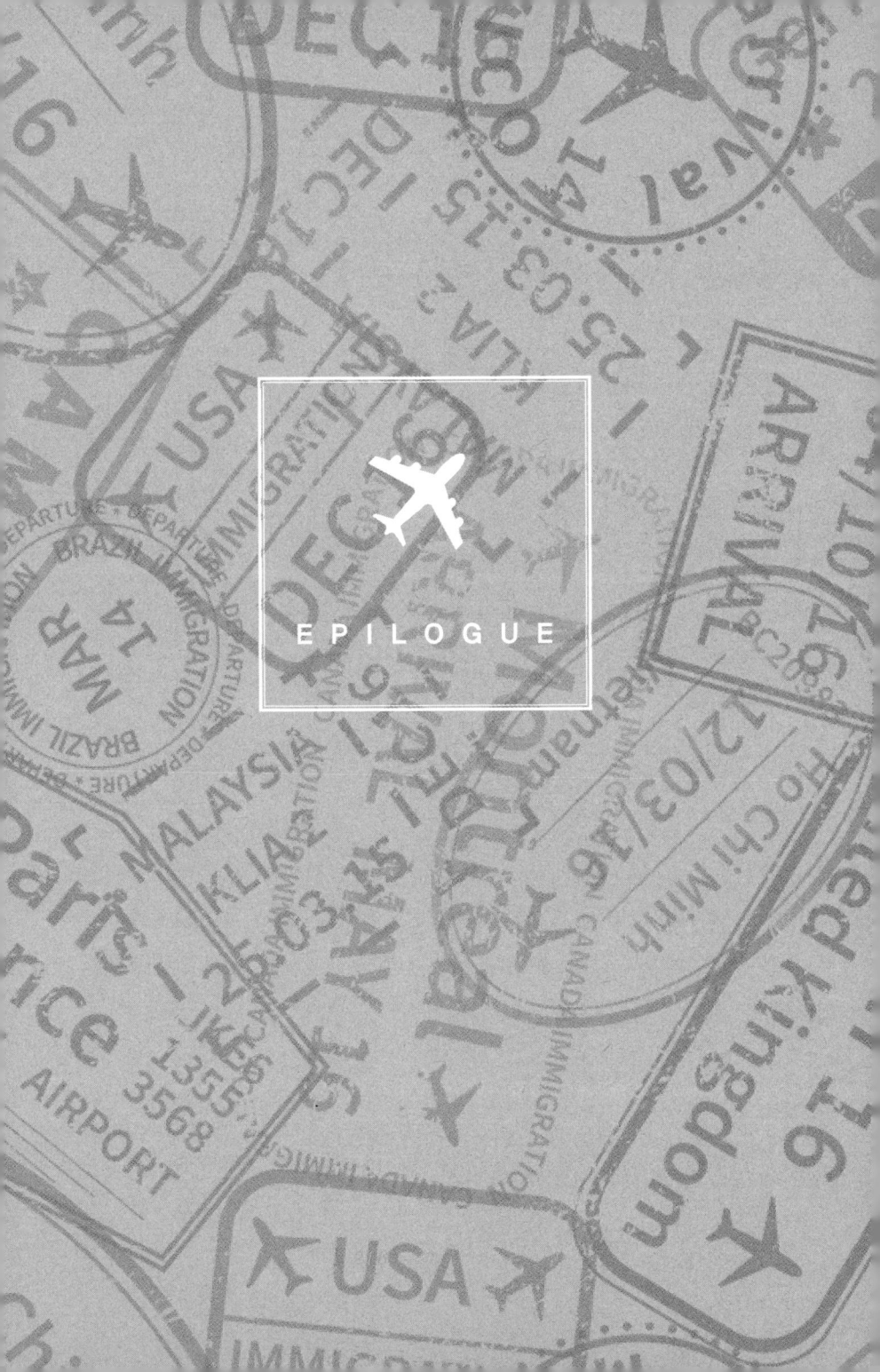

EPILOGUE

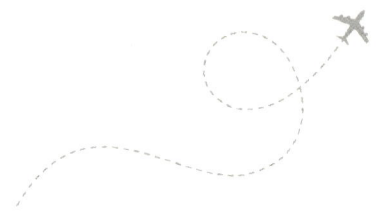

# Dear Crew

    세 번의 승무원, 이 일이야말로 나의 온전한 러브 스토리다.

    비행을 했고, 하고 있으며, 하게 될, 그리고 비행기에 대한 추억을 가진 모든 사람들에게 매일이 여행인 나의 눈부신 추억을 가득 모아 들려주고 싶다.

    승무원 이전과 이후, 일상으로 돌아와 여러 가지 일을 해봤다. 그 직업이 아니어도 더 멋지게 살겠다는 각오로 노력했다. 아무리 돌아가고 싶어도 더 이상 갈 수 없기 전에 비행으로 돌아가고자 시도했다. 비행을 다시 원한다는 것을 깨달을 때 한 줄기 구원의 빛을 따라 외국으로 나가곤 했었다. 내가 유일하게 돌아갈 수 있는 탈출구라고 생각했다.

    이 세상 그 어떤 일도 언젠가는 끝이 있다. 나에게 항공사는 추억의 열매를 맺는 오래된 나무 같았다. 직장을 떠날 때 함께 베어 버렸다고 생각했으나, 그 나무는 내가 온전히 세상에 설 수 있을 때까지 나를 지탱해 주었다. 지금 나는 그 덕분에 꿈의 열매를 맺기 위해 노력하는 사람들을 돕는 도구로 사용되고 있다.

EPILOGUE

다양한 희로애락을 느낄 수 있는 직업이 세상에 그리 많지 않다는 것을 나는 분명히 알게 되었다. 그래서 가끔 그 계절이 그리운 것인지도 모르겠다.

앞으로도 많은 도전과 의미 있는 일을 하며 살 것이고, 그 속에서 설렘과 보람을 느끼기도 할 테지만, 어디선가 바람이 불어오거나 길을 걸을 때 문득문득 떠오르는 추억과 생각들은 평생 나와 함께할 것이다.

이 세상의 중년을 맞이한 과도기에 서서 돌아보니 나는 진로에 대해 충분히 갈등하고 고민하며 비행을 했다. 미련이 남지 않을 만큼 열심히 일한 후에 그만 두어 보기도 했고, 뼈저린 간절함으로 다시 돌아가기도 했다. 그래서 이 책을 통해 무슨 이야기든지 할 수 있었다.

결혼을 하고 자녀가 있는 30, 40대에도 외국 항공사에 도전하여 꿈을 이룬 이들이 많다. 가끔은 다시 승무원으로 돌아가고 싶을 때가 있다. 그러나 지원자들을 대상으로 취업 강의를 하면서 그들이 합격하여 꿈을 이루는 것을 보면 보람과 큰 기쁨을 느낀다. 내 기억 속에 살아 숨 쉬고 있는 선물 같은 모든 기억과 행복한 시절을 그들과 나누고 싶다.

30, 40대에는 불안과 희망이 공존한다. 일이든 경력이든 멈출 수 없이 앞으로 나아가야 하는 아날로그 시대의 우리는 이제 무서운 속도로 변해가는 4차 산업 혁명의 시대를 맞이하고 있다. 빠르고 트랜디하게 움직이고 있는 요즘에 배우지 않으면 뒤처질까 두렵기도 하다. 그러니 부디 좋아하는 일을 계속해 나가는데 있어서 그 마음이 작아지지 않기를. 스스로와 마주하는 진지한 시간을 가지고 내가 할 수 있는 것들을 생각해 본다.

취업, 연애, 결혼이라는 인생의 과제 아래 외부 시선에 휘둘리느니 차라리 외국에서 나답게 살고 싶을 때가 있다. 어떤 일을 시작할까 망설이고, 다시는 도전하지 못할 어떤 상황이 되어서도 무엇에든 열심히 살아가고 있을 누군가에게 이 책을 통해 로망을 깨고 나를 찾는 인생 여행이 되길 바란다.

## 결국 사랑이다

사랑은 무언가를 생각하고 상상하면서부터 시작된다. 내가 원하는 항공사에 들어가기만을 끊임없이 기다리고 상상하며 지낸 시기가 있었다. 채용 공고가 날 때마다 내 삶이 분주하게 반응을 했었다. 점차 나도 외국 항공사 승무원이 될 수 있다는 생각이 들었다.

취업으로 가는 길이 아무리 험난해도 면접을 통해 기회의 문이 열린다. 내가 붙는 항공사가 내 운명이 된다. 면접장으로 자신 있게 들어가는 사람이 그 기회와 운명을 맞이하게 된다. 내 마음을 잘 들여다보면 행동이 시작된다.

지금 나의 계절을 아름답게 살아가는 방법은 누군가에게 꿈을 이루도록 희망을 전하는 것이다. 그건 나에게 사랑이다.

나는 현재 취업 강의와 면접 강의를 하고 있고, 도예 작업을 하며 글을 쓴다. 소설 같은 나의 승무원 도전기와 추억에 울컥해지면 학생들도 같이 눈이 빨개지며 열심히 받아 적는다.

비행, 강의, 글과 도예의 공통점은 내 맘에 사랑이 있을 때 사람들의 마음을 감동시키고, 삶에 진동을 일으킨다는 것이다.

매일이 인생의 비행이다. 행복하고 기적 같은 나의 이야기가 펼쳐질 수 있도록 이 세상을 선물로 주신 하나님께 감사드리며, 내가 꿈과 행복의 파랑새를 찾아 헤매는 동안 제자리로 돌아올 수 있도록 기다려준 사랑하는 부모님과 콜롬보에 있는 남동생에게 고마운 마음을 전한다.

# SUPPLEMENT
# 항공사 취업 정보

# 1. 싱가포르 항공(Singapore Airlines)

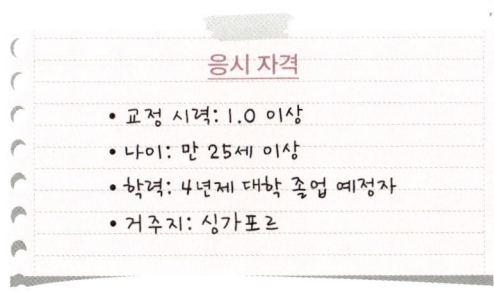

- 사이트 주소: www.singaporeair.com

싱가포르 항공은 1947년 Malayan Airways로 출발하여 1972년 10월에 싱가포르 항공사로 독립하였다.

1975년에 서울 싱가포르 노선을 신설하였으며, 동남아 노선은 물론 세계적으로 유명한 창이 항공을 중심으로 유럽 및 호주 등으로 연결하는 항공편이 인기가 높다.

싱가포르 항공의 가장 큰 특징은 외국인 승객의 비중이 높다는 것이다. 그만큼 서비스의 수준이 최상이다.

최종 입사한 승무원들의 교육기간은 다른 외국 항공사들보다 두 배나 많은 4개월이다. 서비스 교육이 철저하고 섬세하다. 그 교육 시간을 투자한 성과로 92년 이후로 5년간 연속 세계 1위 항공사에 선정되었다.

싱가포르 항공사는 세계 최고의 서비스를 제공하는 항공사인 만큼 국내 지원자들의 선호도가 높아서 공채 공가가 날 때마다 최고의 경쟁률을 보인다.

## 2. 카타르 항공(Qatar Airways)

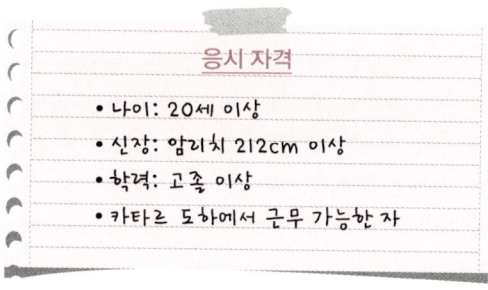

응시 자격
- 나이: 20세 이상
- 신장: 암리치 212cm 이상
- 학력: 고졸 이상
- 카타르 도하에서 근무 가능한 자

• 사이트 주소: www.qatarairways.com

카타르 항공은 카타르의 국적 항공사로서 걸프 및 중동지역을 취항하는 국지적 항공사의 이미지에서 벗어나 전 세계 여러 지역으로 취항을 확대해 나가며 급성장 중이다.

가장 최신 기종의 항공기를 보유한 항공사로, 항공 서비스와 관련하여 여러 번 수상을 하면서 빠른 속도로 인정받고 있다. 전기종이 에어버스로 구성되어 있다.

복리후생
- 휴가: 1년에 15일씩 2번 지급, 1회 무료 항공권
- 1년에 4회 90% 할인되는 항공권 지급, 가족 포함
- 타 항공사 90% 항공권은 무제한

## 3. 캐세이 퍼시픽 항공(Cathay Pacific Airways)

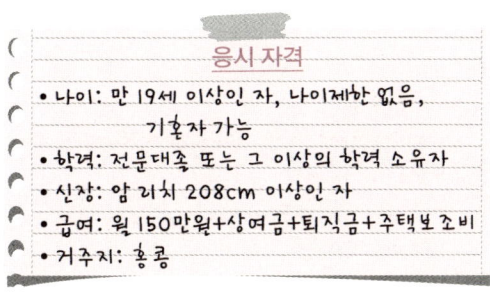

응시자격
- 나이: 만 19세 이상인 자, 나이제한 없음, 기혼자 가능
- 학력: 전문대졸 또는 그 이상의 학력 소유자
- 신장: 암 리치 208cm 이상인 자
- 급여: 월 150만원+상여금+퇴직금+주택보조비
- 거주지: 홍콩

• 사이트 주소: www.cathaypacific.com

1946년에 창설된 홍콩을 거점으로 하는 영국계 항공사이다. 2006년 홍콩 드래곤 항공을 매수하였다. 공항 주변에는 항공 시 정비시설, 본사 및 훈련시설을 갖추고 있다. 영국계 홍콩 다국적기업 스와이어 그룹(Swire Group) 소속이다. 여러 항공 회사와 협정을 맺고 있으며 항공 동맹인 원 월드에 가맹되어 있다.

## 4. KLM 네덜란드 항공(Royal Dutch Airlines)

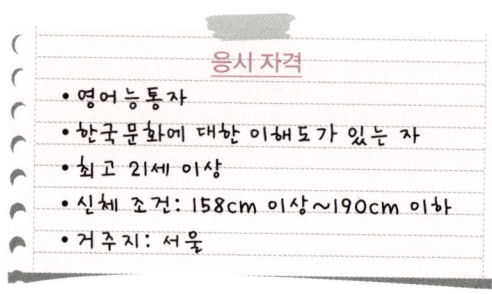

- 사이트 주소: www.klm.com

카엘엠이라고도 한다. 세계 최초 항공사로 1919년 10월 7일 전직 조종사인 네덜란드인 알베르트 프레스만과 일부 은행가 기업들이 설립하였다. 당시 여왕 빌헬미나가 회사명에 로열이라는 단어를 붙이는 것을 승인하였고 이 이름이 지금까지 사용되고 있다.

1920년 5월 17일 암스테르담 런던 노선으로 운항을 시작하였고, 1921년 세계 최초로 항공권 예약 판매소를 세웠다.

1946년 5월 21일 유럽 항공사로는 처음으로 북대서양을 횡단하는 뉴욕 노선을 정기적으로 운항하기 시작하였다. 1991년 노스웨스트와 최초로 합동 서비스를 시작하였고, 1993년 노스웨스트와 유럽 공동 운항을 시작했다.

### 채용 특징

- 서류 전형–1차 그룹 면접–2차 면접–신체검사
- 2년 계약직으로 1~2년 마다 채용이 있다. 불합 격시 1년 패널티가 있다.
- 인재상: 열정적, 긍정적, 쾌활함, 팀워크, 전문성
- 주변 환경에 대해 개방적이고 호기심이 많으며 잘 적응할 수 있는 사람을 선호한다.
- 노선: 인천–암스테르담
- 2년 단위 계약으로 연장이 안 됨
- 타 항공사 할인 혜택, 체류비 지급

## 5. 홍콩 항공(Hong Kong Airlines)

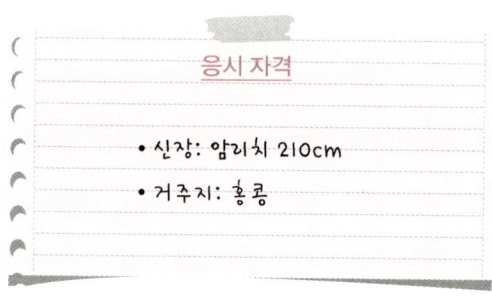

응시 자격
- 신장: 암리치 210cm
- 거주지: 홍콩

• 사이트 주소: www.hongkongairlines.com

홍콩 책랍콕(Chek Lap Kok) 국제공항을 거점으로 둔 항공사. 2001년 중부항공으로 설립하여 하이난 그룹이 2006년에 인수하면서 홍콩항공으로 개칭하였다. 중국 해남 항공 계열 항공사로 HNA그룹 산하에 있다. 홍콩 익스프레스와 달리 저가 항공사가 아니며, 캐세이 퍼시픽항공, 캐세이드래곤 항공과 같은 대형 항공사다. 영국 스카이 트랙스의 평가에서 4성급 항공사로 선정되었고, 2012년과 2013년에 세계 최고 성장 항공사로 선정되었다.

취항 노선은 주로 중국, 한국, 일본, 동아시아에 직항 편을 보유하고 있다. 기존의 보잉 737을 대체하고자 에어버스 A330-200을 운행하고 있다.

2016년부터 골드코스트, 사이판, 오클랜드 노선을 취항하면서 국제선 네트워크를 확장했다.

최종 면접은 비디오 면접까지 통과한 사람만 갈 수 있다.

## 6. 핀에어(Finnair)

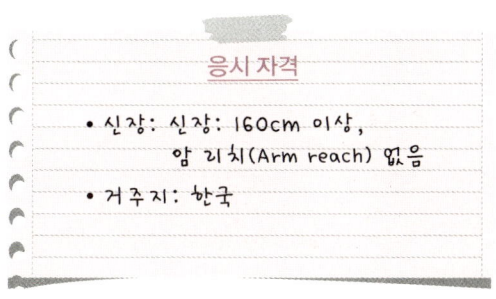

• 사이트 주소: www.finnair.com

아시아와 유럽을 가장 빨리 잇는 항공사. 아시아 고객을 공략하기 위해 신규 취항과 증편을 한다. 노르웨이의 베르겐, 트롬쇤 직항 노선을 도입한다.

북유럽 감성을 담은 새로운 기내 서비스가 특별하다. 항공기 좌석 커버를 비롯해 베개와 담요, 식기, 냅킨, 객실 전체를 북유럽의 감성을 담은 핀란드의 브랜드인 마리메꼬(Marimekko) 디자인이다. 어린이 탑승객을 위한 인기 캐릭터 무민(Moomin)을 이용한 기내 서비스 예정이다. 결혼 유무와 나이제한이 없어서 전직, 현직 승무원들이 가고 싶어 하는 꿈의 항공사이기도 하다.

## 7. 에미레이트 항공(Emirates Airlines)

### 응시 자격

- 고등학교 졸업 이상
- 만 21세 이상
- 암리치 212cm 이상
- 교정 시력 1.0 이상
- 서비스직 1년 이상 경험이 필요하다.

• 사이트 주소: www.emirates.com

아랍 에미레이트의 항공사로 1985년 5월 25일에 설립되었다. 두바이 국제공항을 허브 공항으로 사용하고 있다. 한국 노선은 2005년 5월 1일에 시작되어 대한항공과 공동 운항하고 있다. 한국인 승무원은 최소 3명 탑승한다.

세계 다양한 모든 고객들의 만족을 위해 어느 노선이든 그 나라 국적을 가진 승무원이 탑승하여 의사소통을 할 수 있도록 팀을 만든다. 현재 2018년 기준으로 120개 이상의 나라 승무원들이 함께 근무하고 있으며, 세계 84개국, 140개 이상의 도시를 취항하고 있다.

세계 최고 항공사 수상과 올해의 항공사 상을 수상했다. 고급화 전략을 중심으로 Airbus 380-800(제 3터미널에 콩코스라 불리는 세계 최초 A380 전용 터미널 이용)과 Boeing 777을 운항하며 편안한 항공 여행을 제공하고 있다.

ICE라는 자체 엔터테인먼트 서비스를 개발했으며, 기내에서 와이파이

를 제공하고, 폴로라이드 사진, 케이크 서비스를 통해 즐거운 비행이라는 인식을 주고 있다. 퍼스트 클래스에 세계 최초로 기내에 샤워실을 도입했으며, 기내에 설치된 바(Bar) 서비스가 특별하다.

### 면접 진행 과정

온라인 서류 접수(서류+ 비디오 면접)- 인비테이션 -Assessment day에 참가하여 1차 면접(파트너 소개, 에세이 작성)- 2차 면접(스몰 토크, 그룹 디스커션, 에세이 작성, 그림 묘사, 기사 요약, 2차 그룹 디스커션)- 3차 최종면접(1:1 심층 면접)